中青年经济学家文库

中国农产品贸易隐含碳排放及应对策略研究

丁玉梅 著

中国财经出版传媒集团

经济科学出版社
Economic Science Press

图书在版编目（CIP）数据

中国农产品贸易隐含碳排放及应对策略研究/丁玉梅著.
—北京：经济科学出版社，2019.6
ISBN 978 - 7 - 5141 - 9959 - 8

Ⅰ.①中…　Ⅱ.①丁…　Ⅲ.①农产品贸易－二氧化碳－
排气－研究－中国　Ⅳ.①F724.72②X511

中国版本图书馆 CIP 数据核字（2018）第 271695 号

责任编辑：刘　莎
责任校对：杨　海
责任印制：邱　天

中国农产品贸易隐含碳排放及应对策略研究

丁玉梅　著

经济科学出版社出版、发行　新华书店经销
社址：北京市海淀区阜成路甲 28 号　邮编：100142
总编部电话：010 - 88191217　发行部电话：010 - 88191522
网址：www.esp.com.cn
电子邮件：esp@ esp.com.cn
天猫网店：经济科学出版社旗舰店
网址：http://jjkxcbs.tmall.com
北京密兴印刷有限公司印装
710×1000　16 开　10.5 印张　150000 字
2019 年 6 月第 1 版　2019 年 6 月第 1 次印刷
ISBN 978 - 7 - 5141 - 9959 - 8　定价：37.00 元
（图书出现印装问题，本社负责调换。电话：010 - 88191510）
（版权所有　侵权必究　打击盗版　举报热线：010 - 88191661
QQ：2242791300　营销中心电话：010 - 88191537
电子邮箱：dbts@ esp.com.cn）

前　言

近年来，随着全球气候问题的进一步凸显以及贸易量的不断增加，世界各国学者开始着眼于国际贸易隐含碳问题研究，并基于多重视角探究了国际贸易对本国乃至全球碳排放的影响。显然，对外贸易在推进我国经济发展的进程中发挥着重要作用，如何通过国际贸易活动实现最少投入获取最大产出，同时又尽可能小地减少环境损害，是我国当前面临的一项重要选题。不过就具体分析来看，虽有大量文献涉及我国对外贸易隐含碳排放问题，但以综合性研究为主，产业部门研究相对较少。而事实上，每个产业都有其特殊性，应该有针对性地对其进行分析。众所周知，我国不仅是农业大国，同时也是农产品国际贸易大国。农业部统计数据显示，近年来我国农产品贸易规模一直呈现逐年扩大趋势。农产品贸易导致了大量隐含在国家间的空间转移，已有研究表明，中国碳排放的1/4左右用于满足国外消费者的生产及消费需求。随着农产品进出口规模的持续上升，其对我国的碳排放将产生越来越重要的影响。

鉴于此，本研究致力于中国农产品贸易隐含碳问题的研究。首先，系统梳理国内外研究文献，并进行必要评述，找到研究切入点。其次，对我国农产品对外贸易发展进程进行回顾，全面核算我国农业碳排放量并分析其时空特征。在此基础上，一方面利用协整理论分析我国农产品对外贸易与农业碳排放之间的关系，另一方面采用投入产出分析方法对我国农产品贸易隐含碳排放进行测度，并探讨其时空差异及驱动机理。再其次，基于纵向与横向双重视角，对我国农产品贸易增长与隐含碳排放的脱钩关系进行分析，并通过因素分解法，找出导致其脱钩关系变化的主要因素。最后，在归纳与总结国际气候变化的合作与应对机制的基础上，提出相关对策建议，以期为我国更好地推进农产品贸易隐含碳防控体系的建设提供必要的论据支撑与政策参考。本书的研究内容主要分为研究缘起与文献综述（第1章）、农产品对外贸易与农业碳排放二者关系辨析（第2、3章）、农产品对外贸易隐含碳排放测度及相关机理探究（第4、5章）、农产品贸易隐含碳排放防控机制构建（第6、7章）等四大部分。通过系统研究，主要形成了以下结论：

1. 我国农产品进出口贸易与农业碳排放量总体均呈上升趋势，且二者与碳排放之间也都存在长期均衡关系

改革开放以来，我国农产品进出口贸易迅速发展，贸易格局发生巨大变化，在世界农产品国际贸易中的地位也越来越重要。根据我国进出口贸易的变动态势，大概可以将其划分为四个阶段，即缓慢发展阶段（1978~1986年）、稳定发展阶段（1987~1993年）、徘徊发展阶段（1994~2002年）和快速发展阶段（2003~2011年）。与此同时，我国农业碳排放量总体也处于增长态势，从时序演变规律来看，可分为波动增长期（1993~1999年）、平稳期（1999~2002年）、持续上升期（2002~2006年）、持续下降期（2006~2008年）和持续上升期（2008~2012年）五个阶段。在此基础上，基于动态时间序列理论及相关的建模方法，实证分析了我国农产品进出口贸易与农业碳排放之间的互动关系，结果表明：①我国农产品进口、农产品出口与农业碳排放之间均存在协整关系，即长期均衡关系，但短期内会偏离长期均衡。其中，农产品进口对短期偏离均衡的调整力度为61.17%；而农产品出口则为92.42%。②农产品进口、农产品出口与农业碳排放均互为因果关系。③农产品进口带来的冲击能够解释农业碳排放变化的56.36%，而碳排放变化对进口的解释水平仅为1.70%；农产品出口带来的冲击能解释农业碳排放的22.69%，而碳排放对出口的解释水平仅为0.57%。可见，农产品进出口贸易对农业碳排放总量变动的影响程度较大。

2. 我国农产品进出口贸易隐含碳排放总体处于增长态势，且排量较大的省份主要位于东部地区，规模效应是导致农产品出口隐含碳排放不断增加的关键因素

结合进出口贸易数据，利用多区域MRIO模型测算了我国2002~2011

年农产品进出口隐含碳排放并分析了其时序特征，发现自 2002 年以来，我国农产品出口、进口隐含碳排放量总体均处于增长态势，且后者增速较之前者更快；至于农产品净出口隐含碳排放，则逐年降低，仅 2002 年为正值，其他各年均为负值，表明我国从 2003 年开始成为了碳排放污染转出国。进一步探究中国 31 个省（区、市）农产品进出口贸易隐含碳排放及其空间分布特征，结果表明进出口隐含碳排放与净出口隐含碳排放较大的省份大多位于东部地区，而中西部地区的隐含碳排放量相对较小。最后，利用 LMDI 因素分解法探究了农产品出口隐含碳排放的影响因素。分解结果表明，结构效应、规模效应对中国农产品出口隐含碳排放贡献的变化值为正，说明二者在一定程度上均促进了农产品出口隐含碳排放量的不断增加，相比较而言规模效应发挥了更为关键的作用；技术效应对中国农产品出口隐含碳排放贡献的变化值为负，说明技术效应抑制了中国农产品出口贸易中隐含碳排放的变化，在一定程度上促进了农产品贸易碳排放污染转移到他国。

3. 我国农产品出口贸易与出口隐含碳排放之间存在"弱脱钩"关系，只有少数行业的碳排放强度有明显降低，资源结构与资源效率是影响二者脱钩弹性的关键因素

利用脱钩模型，探究农产品出口贸易与其隐含碳排放之间的关系，结果表明：①从总体来看，出口导向型贸易模式下，2002～2011 年间，中国农产品出口贸易与出口隐含碳排放之间存在着长期"弱脱钩"关系，隐含碳排放随着出口贸易额的增长而增长，其弹性值为 0.78，即农产品出口贸易额增长 13.46%，则出口隐含碳排放增长 10.56%。该实证结果表明，我国农产品出口贸易在为中国经济增长做出贡献的同时，既给本国带来了大量碳排放，也向进口国排放了大量的碳，确实存在"碳排放转移"现象。②从农业分行业来看，食品制造业和家具制造业实现了农业隐含碳排放与产品出口贸易间的脱钩关系由"弱脱钩"向"强脱钩"的转化；但是，应该警醒的是，我国大部分出口型农业行业的碳排放强度增长剧增，尤其是农业，林业，渔业，农副食品加工业，烟草制品业，纺织业，皮革、毛皮、羽毛及其制品和制鞋业（说明，大农业分类是包括农、林、渔等），其脱钩状态近年加速呈"扩张性脱钩"状态趋势，表明传统

比较优势农产品出口增长对资源消耗的依赖性更强，迫切需要加快生产方式和出口方式转型。③从五因素分解的结果来看，在 2002~2011 年间，资源结构脱钩弹性和资源利用效率脱钩弹性是影响我国农产品出口贸易增长和农业隐含碳排放脱钩弹性的主要因素，而农产品出口增长脱钩弹性、资源碳排放强度脱钩弹性及人口数量脱钩弹性对农业隐含碳排放与农产品出口贸易增长间的解耦关系有一定积极作用，但仍不够显著。

本研究的创新之处主要体现在三个方面：

（1）分析了我国农产品对外贸易与农业碳排放的相互关系，深层次揭示了二者间的互动机理。本研究一方面搜集了农产品对外贸易数据，另一方面则对农业碳排放量进行了较为细致的测算；在此基础上，利用协整理论与相关模型分别探究了我国农产品进口贸易、出口贸易与农业碳排放之间的相互关系，深层次揭示了农产品对外贸易与农业碳排放之间的互动机理、影响程度及内部调节机制。

（2）测算了我国农产品对外贸易隐含碳排放，并分析了其时空特征及农产品出口隐含碳排放的驱动因素。在本书的第 4 章中，不仅对我国 2002 年以来的农产品对外贸易隐含碳排放进行了测度，同时还分析了其空间差异并探究了区域分布公平性。在此基础上，利用 LMDI 分解法探讨了农产品出口隐含碳排放的驱动机理，找出了导致其总量变化的关键因素。总体来看，相比以往研究，本书对我国农产品贸易隐含碳排放的把握更为全面、分析更为深入，更有助于增强我们的宏观认知。

（3）探究了我国农产品出口贸易与隐含碳排放之间的关系，并对其影响因素进行了分解。在本书的第 5 章中，结合前面搜集的历年农产品出口贸易数据以及所测算的农产品出口隐含碳排放数据，利用脱钩模型探究了二者间的相互关系，同时基于纵向与横向双重视角进行深入分析。在此基础上，将 LMDI 分解法引入到 Tapio 脱钩模型解释了农产品出口贸易增长作用于隐含碳排放的机制及各主要因素的影响大小。

目　　录

第 *1* 章

导　论

1. 1

研究背景

　　对外贸易在实现各国经济互通有无的同时，对各国生态环境也会产生一些影响。为此，一些学者开始探讨国际贸易与环境间的关系，并取得了大量研究成果，由此极大深化了我们对二者关系的认知。其中，早期研究主要探讨国际贸易对一国环境的整体影响是正面还是负面的，不过由于切入点的选择不同，至今仍未得出较为一致的结论。近年来，随着全球气候问题的进一步凸显以及贸易量的不断增加，世界各国学者开始着眼于国际贸易隐含碳排放问题的研究，并基于多重视角探究了国际贸易对本国乃至全球碳排放的影响。很显然，对外贸易在推进我国经济发展的进程中也发挥着重要作用，如何通过国际贸易活动实现最少的投入获取最大的产出，同时又尽可能地减少环境损害是我国当前面临的一项重要议题。不过就具体分析来看，虽有大量文献涉及我国对外贸易隐含碳排放问题，但这些文献仍以综合性研究为主，产业部门研究相对较少。而事实上，每个产业都有其特殊性，应该有针对性地对其进行分析。

　　众所周知，我国不仅是农业大国，同时也是农产品国际贸易大国。《中国农业年鉴》统计数据显示，近年来我国农产品贸易规模一直呈现逐年扩大的趋势。其中，2001 年全国农产品贸易进出口总额仅为 279 亿美元；2008 年农产品进出口总额达到了 991.6 亿美元，中国成为全球第 4 大农产品贸易国；2011 年中国农产品进出口总额为 1 556.2 亿美元，较 2010

年增长27.6%。其中，出口607.5亿美元，同比增长23.0%；进口948.7亿美元，同比增长30.8%。农产品贸易导致了大量隐含碳在国家间的转移，已有研究表明，中国碳排放的1/4左右用于满足国外消费者的生产及消费需求。随着农产品进出口规模的持续上升，其对我国的碳排放将产生越来越重要的影响。

基于此，本书将围绕中国农产品贸易中的隐含碳排放问题展开研究，以求为优化和调整我国的农产品贸易政策，不断平衡社会经济发展与环境保护之间的关系，进而在国际气候谈判中掌握主动权提供必要的论据支撑与决策参考。

1.2

选题目的与意义

本研究通过对中国农产品贸易隐含碳排放进行核算并分析其变化趋势，揭示了农产品进出口贸易结构变化以及技术进步对其隐含碳排放增长所产生的影响，一方面能让世界更为客观地了解中国农产品贸易隐含碳排放的增长机理；更为重要的是，能为农业相关部门优化调整农产品出口贸易结构，发挥农产品对外贸易的节能减排效应提供一定参考，进而为后京都时代减排方案和中国相关政策的制定提供科学依据。同时，此选题的理论意义在于对外贸易碳排放不仅仅是经济问题，还涉及环境安全。本研究把国际经济学与生态学、产业经济学等紧密地联系起来，探索对外贸易和减排问题，这将丰富和发展贸易与环境的理论。因此，深入研究本选题对于国家制定地区产业结构调整、节能减排的经济社会发展战略及政策等方面具有重要现实意义。

1.3

国内外文献综述

1.3.1 农产品国际贸易与环境效益

随着全球气候变暖、大气臭氧层消耗以及越境碳排放转移等一系列全球性生态环境问题的不断显现，各国对生态环境的关注开始由国内逐步转向国际。为了追求利益最大化，一些国家（主要为发达国家）开始尝试通过国际贸易措施影响其他国家环境政策的方式来达到自己的目的。受此影响，环境问题在国际贸易体系研究中的重要性日益凸显。虽然已有研究表明，引起环境问题的根本原因是市场失灵、政府干预失灵而非对外贸易（OECD，1996；Anderssno et al.，1998；赵玉焕，2002；赵细康，2003）。但在市场失灵与政府干预失灵尚未解决之时，贸易与环境是相互影响的，而且随着贸易规模的不断扩大其影响程度会逐步增加。

一般情况下，农产品国际贸易的环境效益从正反两个方面进行呈现。其中，正向环境效益主要包括：实现农业资源的有效配置，提高农资利用效率；带动国外投资，推进生态农业与"精准农业"发展（陈洁，2004）；充分发挥农业比较优势，使农业的多样化、多功能性得到充分体现（戴维·里德，1998）；进口没有资源比较优势的农产品能减轻本国农业发展的资源与环境约束，推进农业可持续发展（胡鞍钢等，1999；徐崇龄，2000；林毅夫，2000；曲如晓，2003）；增强本国居民对"洁净"环境的偏好，进而推动相关生产技术研发（Grossman，1993；张浩，2001）。负向环境效益主要表现为：①农产品贸易的增长会诱发农业生产规模的扩大，进而放大对环境的负面影响（Andesron，1996）；②农产品国际贸易规模扩大会引起收入的增长，进而使居民的消费结构得到改变（比如增加对肉类食品的需求），而消费结构的改变会引发产业结构的变革，由此给农业环境带来新的问题；③农产品贸易会使销售市场得到扩大，为了满足市场需求，农业生产必然会得到一定增长，受"利润最大化"与"理性经济人"这两大理念的影响，相关经济主体会加大对当地资源的掠夺开发力度，从而对生态环境产生不利影响。④农产品对外贸易可能增大生态环境风险，比如国外动植物病虫害的传入，外来生物物种的入侵、繁殖和蔓延，这些都会对本国生态系统造成极大的不利影响。⑤农产品对外贸易的兴起与发展会加剧对国际运输的需求，而运输量的扩张，除了产生噪音污染、减少农业用地并增加能源消耗之外，还会释放大量的温室气体与有害气体（Anderssno et al.，1998）。

将上述正反环境效益相互叠加和抵消之后所形成的结果即为农产品国际

贸易的综合环境效益。由于影响生态环境变化的要素条件复杂且不确定，时间与空间的差异也会导致环境要素的各种反应存在极大的不确定性，从而造成技术变革与社会发展模式的改变对生态环境产生影响（王金南，1994）。正是基于这些原因，使得农产品国际贸易所引发的综合环境效益通常难以确定（Chichilnisky，1994；Copeland，1995；Antweiler et al.，1998；Cole et al.，1998）。在这种背景下，学界主要形成了两类主流观点：一是既然无法肯定贸易与经济增长最终是否会导致环境恶化，那么基于"预防性"原则，我们也有必要提前采取各类预防措施（姚志勇，2002）；二是只要政策运用得当，对外贸易带来的收益定然可以抵消其对环境所造成的负面影响，不过，单纯依靠贸易改善是不足以解决环境问题的，而将环境政策和贸易政策进行有效组合则显得非常必要（郎平，2003）。

1.3.2　国际贸易隐含碳

所谓"隐含碳"，是指为了得到某种商品，其在整个生产链环节所排放的二氧化碳（齐晔等，2008）。在国际上的相关学术研究中，"隐含碳"又被称为"Embodied Carbon"，其概念最早出现于 20 世纪 90 年代。其中，谢弗（Schaeffer，1996）、马查多等（Machado et al.，2001）以巴西为例，对其 1970 ~ 1992 年国际贸易中的隐含碳进行了探究，结果表明，发达国家采用国内消费品制造业的外包手段，成功将本国二氧化碳排放转移到了以巴西为代表的发展中国家。艾哈迈德等（Ahmed et al.，2003）通过测算 24 个国家货物贸易中的二氧化碳排放量，有效论证了产业地理转移对全球温室气体排放的影响。水和哈里斯（Shui and Harriss，2006）分析了中美贸易中的隐含碳，发现中国二氧化碳排放量中的 7% ~ 14% 源于对美国的出口，如果美国将这些商品改为本国生产，美国二氧化碳排放量将增加 3% ~ 6%，可见中美两国贸易在一定程度上加剧了全球温室气体排放。

国内学者对国际贸易隐含碳问题的研究相对滞后，但很快这一问题便成为研究热点，并引起了大量学者的关注与探讨，其成果主要集中在两个方面：一是对外贸易隐含碳的估算。齐晔等（2008）估算了中国 1997 ~

2006 年进出口贸易中的隐含碳，结果表明，我国为国外转移排放了大量的碳，隐含碳净出口占当年碳排放的比重更是由 1997 年的 0.5% 左右迅速升至 2006 年的 10% 左右，中国承担了大量进口国所应承担的碳排放量。王文举等（2011）基于投入产出原理，并结合国际双边贸易数据，核算了世界主要碳排放大国 2005 年对外贸易的隐含碳，研究发现，发展中国家为发达国家排放数量巨大的二氧化碳，中国碳排放的急剧增加在很大程度上是为了满足发达国家日常生产生活所需，因此发达国家的消费者对全球碳排放的增加负有不可推卸的责任。石红莲等（2011）估计了 2003 ~ 2007 年中国对美国产品出口所导致的隐含碳排放，结论表明，随着出口量的大幅增加，中国出口产品的隐含碳排放也不断增大，应通过改变碳排放核算体系、扩大内需等措施减少对美出口产品隐含碳的排放。

二是对外贸易隐含碳的结构分解与影响因素研究。李艳梅等（2010）将影响出口贸易隐含碳变化的因素分解为直接碳排放强度、中间生产技术、出口总量与出口结构四类效应，结果表明出口总量的不断增加、中间生产技术的变化是导致出口贸易隐含碳不断增加的关键原因，而直接碳排放强度下降与出口结构改善虽产生了一定的减排效应，但影响较小。黄敏等（2011）利用投入产出结构分解模型（I—OSDA）分析了影响对外贸易隐含碳排放变动的驱动因素，结果表明，出（进）口总效应对隐含碳排放的变化影响程度最大，中间投入与单位产值碳排放效应均具有较强的改善效应，而出（进）口单位能源碳排放效应的改善作用不太明显。杜运苏等（2012）利用 LMDI 分析技术探究了中国出口贸易隐含碳排放增长的驱动机理，研究发现，出口总量的扩张是导致出口隐含碳持续增长的关键因素，排放强度的降低则在很大程度上抑制了隐含碳排放的增长，而结构变化对隐含碳排放的影响相对有限。蒋雪梅等（2013）基于结构分解方法分析了全球 40 个主要经济体出口贸易隐含碳强度的变化情况，发现发达国家获取出口单位增加值所承担的隐含碳排放远低于发展中国家，而造成这种差距的根源在于各国碳减排技术存在较大差距。

1.3.3 农业碳排放与农产品贸易隐含碳

随着全球温室气体排放的不断加剧，农业碳排放也得到了广泛关注。一些学者开始围绕农业碳排放问题展开研究，主要涵盖以下三个方面：一是农业碳排放产生机理与构成。其中，约翰逊等（Johnson et al.，2007）指出，农业碳排放主要源于农业生产废弃物、畜禽肠道发酵及粪便管理、农业能源消耗、水稻种植以及生物燃烧。国内学者多将农业碳排放归为 2 ~ 4 个方面，比较常见的分类包括化肥能源、水稻种植、畜牧、土壤（谭秋成，2011）、种植业、畜牧业（闵继胜等，2012），农地利用、稻田、牲畜养殖（田云等，2012），农用物资、稻田、土壤、畜禽养殖（Tian et al.，2014），种养自然源排放、能源化学品排放、废弃物处理排放（张广胜等，2014）等。二是农业碳排放测算与特征分析。美国环保局运用层次分析法对美国农业碳排放进行了测算，结果显示 2008 年其碳排放（折合成 CO_2）总量为 4.275 亿吨，其中约半数源自农地利用活动，近 1/3 出自畜禽肠道发酵。董红敏等（2008）、谭秋成（2011）、闵继胜等（2012）先后测算了我国农业温室气体排放量，不过由于指标选取的不一致导致最终测算结果也有所差异；为了体现其时空差异，田云等（2012）将几种常见的温室气体统一折换成标准碳，在对我国农业碳排放量进行再测算的基础上分析发现，近 20 年来我国农业碳排放量总体呈现"上升—下降—上升"的三阶段变化特征，农业大省尤其是粮食主产省（区）是农业碳排放的主要排放区。三是特定视角下的农业碳排放问题研究。即选取某一方面作为切入点就其碳排放展开分析，主要涉及农田温室气体排放（李长生等，2003；李虎等，2012）、农用物资碳排放（田云等，2011；李波等，2012；王才军等，2012）、农地利用碳排放（田云等，2011；李俊杰，2012）、农业能源碳排放（李国志等，2010；韩岳峰等，2013）、畜禽养殖碳排放（刘月仙等，2013）等。

对农业碳排放进行探讨是研究农产品贸易隐含碳的基础，随着越来越多的学者开始涉足农业碳排放研究领域，农产品贸易隐含碳研究也得到了一些关注，相关成果主要包括：张迪等（2010）结合海关进出口贸易数据，基于投入产出分析方法，探究了我国 2002 年农产品对外贸易的隐含碳转移，结果表明，在 2002 年中国为农产品隐含碳排放的净出口国，当年累计实现碳排放净出口 146.67 万吨。其中，农产品隐含碳的主要出口地区为亚洲，以韩国、日本最具代表；进口来源地主要包括北美、拉丁美洲和亚洲，美国是中国最为主要的农产品隐含碳进口来源国。许源等（2013）利用非竞争性投入产出模型评估了我国 1995～2005 年农产品贸易隐含的二氧化碳排放，其结果表明，农产品生产所排放的二氧化碳有3.71%～4.50% 是由出口所导致的，而农产品消费所排放的二氧化碳有3.29%～10.10% 是由进口所满足的，中间投入的进口"节省"了大量的二氧化碳排放；总体而言，农产品净出口隐含的二氧化碳处于不断减少之中，中国已成为农产品二氧化碳排放的净进口国，农产品国际贸易为节能减排做出了一定贡献。不过总体而言，目前探讨我国农产品对外贸易隐含碳的研究相对较少，许多问题都有待进一步深入。

1.3.4　对文献的评述

纵览文献可知，国内外学者已开始从理论角度探讨农产品国际贸易与环境效益间的关系，但相关实证却较为缺乏。与此同时，也有大量学者基于隐含碳视角探究国际贸易所带来的环境效益，并形成了大量的实证分析，研究内容涉及国际贸易隐含碳的测度、结构分解以及驱动机理。由此可见，国际贸易活动能导致环境效益的变迁这一命题已得到了学者的广泛认可，并在大贸易领域（涵盖所有对外贸易活动，也包括农产品国际贸易）进行了相关的实证检验。不过，具体到农产品贸易，虽有一些学者尝试基于隐含碳视角探究其环境效益，但仅以中国作为研究对象，较为粗略的进行评估，而缺少更为系统、深入、详细的研究。事实上，农业作为我国的基础性产业部门，其整个生产环节过程也会对生态环境造成一些损害，比如面源污染问题、温室气体排放问题。而农产品对外贸易在一定程度上可以影响各国农业产业规模与结构，由此引发污染转移与碳排放转移。为此，有必要基于实证视角探究农产品对外贸易的环境效益。考虑到数据的可得性与指标的代表性，本书将选择农产品对外贸易隐含碳排放作为研究的切入点。究其原因，主要在于碳排放是一个较为综合的指标，其所反映的内涵不单只是大气污染，还能涉及面源污染（由农业碳排放的测算方法所决定）。

1.4
研究思路、内容与方法

1.4.1 研究思路

本书的研究思路如下：首先，系统梳理国内外研究文献，并进行必要评述，找到研究切入点。其次，对我国农产品对外贸易发展进程进行回顾，全面核算我国农业碳排放量并分析其时空特征，一方面可增强我们对当前我国农产品对外贸易以及农业碳排放的宏观认知，另一方面，为后续深入探讨二者互动关系以及隐含碳的测度提供必要的数据支撑。在此基础上，一方面利用协整理论分析我国农产品对外贸易与农业碳排放之间的关系，另一方面采用投入产出分析方法对我国农产品贸易隐含碳排放进行测度，并探讨其时空差异及驱动机理。再其次，基于纵向与横向双重视角，对我国农产品贸易增长与隐含碳排放的脱钩关系进行分析，并通过因素分解法，找出导致其脱钩关系变化的主要因素。最后，在归纳与总结国际气候变化的合作与应对机制的基础上，立足于本书的研究结论，提出相关对策建议，以期为我国更好地践行生态文明理念、推进农产品贸易隐含碳防控体系的建设提供必要的数据支撑与政策参考。

1.4.2 研究内容与技术路线

第1章是导论部分。首先介绍本选题的国内外背景，在此基础上阐述研究目的与意义；其次，通过对国内外相关文献进行梳理，一方面了解当前研究动态，另一方面也指出现有研究存在的不足，以此凸显本选题的重要性；再其次，介绍本书的研究思路、研究内容及其技术路线，并简要阐述本书即将运用的主要研究方法；最后，探究本书的创新之处。

第 2 章是农产品贸易发展与农业碳排放现状分析。本章一方面基于 FAO 数据库以及相关年鉴对我国近些年来农产品对外贸易的发展情况进行回顾，并简要归纳其阶段特征与动态演变轨迹。另一方面，则在参考国内外相关研究成果和 IPCC（联合国政府间气候变化专门委员会）等研究机构观点的基础上，科学编制农业碳排放测算体系，对我国农业碳排放进行了全面核算，并分析了时空特征。在此基础上，简要探讨农产品贸易发展与农业碳排放二者间的关系。总体而言，本章一方面是为了增强我们的宏观认知，另一方面是为后续研究尤其是为农产品对外贸易隐含碳的测度提供数据支撑。

第 3 章是农产品贸易与农业碳排放互动关系的实证分析，是本书的核心内容之一。本章主要基于动态时间序列理论及相关的建模方法，实证分析我国农产品贸易与我国农业碳排放之间的相互关系，借以深化我们对二者关系的理解。具体内容包括三个方面：一是研究方法及变量选取，主要对采用的计量方法进行简要阐述，并确定分析变量，明确数据来源；二是实证检验农产品进口与农业碳排放的互动关系，探讨二者是否存在协整关系且互为因果；三是探究农产品出口与农业碳排放的互动机理，分析步骤类似于第 2 章内容，在此不做过多论述。

第 4 章是农产品贸易隐含碳排放的测度、时空比较与驱动机理，是本书的核心内容之一。研究内容主要分为三部分：一是对包含碳排放的贸易约束条件诸如碳标签、碳关税以及 ISO 质量认证体系等概念进行阐述；二是对我国农产品贸易隐含碳排放进行测度，并分析其时序演变规律与空间分布特征，同时就其区域公平性与否进行探讨；三是对我国农产品出口贸易隐含碳排放的影响因素进行解析，利用 LMDI 分解法，将其驱动机理归结于结构效应、技术效应与规模效应三个方面，然后实证检验，找出导致其增减变化的关键动因。

第 5 章主要分析农产品贸易增长与其隐含碳排放的脱钩关系，是本书的核心内容之一。内容主要由三部分组成，一是理论框架分析，主要介绍脱钩理论的含义、构成形式、在相关领域的应用，同时结合本章研究内容，赋予其更为明确的内涵；二是农产品贸易增长与其隐含碳排放脱钩关系的实证分析，具体从两个方面展开，即纵向视角的脱钩分析与横向视角的脱钩分析，前者立足于国家层面着眼于时间序列，后者基于省域层面侧重于空间视角；三是探讨影响脱钩动态变化的主要因素，并对其进行分解。

第6章是碳减排的国际经验及启示。本章写作目的是为了确保后续农产品贸易隐含碳减排政策体系的构建具有较强的针对性与可行性。首先，主要探讨《联合国气候变化框架公约》《京都议定书》等一些碳减排的国际制度框架；其次，介绍碳减排的政策工具，以碳减排补贴和碳排放权交易为主；再其次，对欧盟碳税政策进行分析，包括其实施背景、具体的政策构成等；最后，基于上述国际经验，阐述对我国构建农产品贸易隐含碳排放防控机制的相关启示。

第7章主要探讨中国农产品贸易隐含碳排放转移的应对策略设计。主要结合前面的分析结论，针对我国农产品贸易尤其是农产品出口隐含碳排放问题构建相关的应对机制。具体可从四方面着手：一是完善农产品国际贸易隐含碳排放的核算标准体系，明确责任分担；二是加强对高隐含碳排放农业产业的监管力度，既包括"隐性"碳排放源，也涉及"显性"碳排放源；三是构建与完善农业生产环境防控的技术体系，鼓励涉农企业中间品的进口以及清洁农业产业的发展；四是设定区域农产品生产环境规制级差，实施地区碳转移补偿制度。

第8章是主要结论与研究展望。一方面，通读全书，系统总结与阐述本书的主要研究结论；另一方面，结合自身研究经历指出本研究所存在的一些不足，在此基础上对未来研究进行展望。

基于上述研究内容，本书采取总体把握、重点突破和总结归纳的思路，将整个研究分为五个阶段，即数据文献收集、研究方法整理及中国农产品贸易、农业碳排放现状把握阶段，农产品贸易与农业碳排放的互动机理分析阶段，农产品贸易隐含碳排放测度与区域比较阶段，农产品贸易与其隐含碳排放的脱钩关系分析阶段，中国农产品贸易隐含碳排放转移的应对策略设计阶段。如图1-1所示。

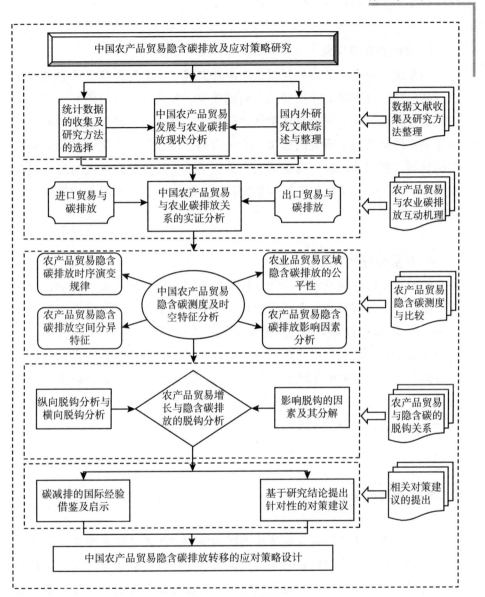

图1-1 技术路线

1.4.3 研究方法

本书拟采用的研究方法主要包括：

1. 文献资料查阅法

一方面，通过大量搜集并阅读国内外文献，了解与隐含碳排放尤其是农产品贸易隐含碳排放相关的已有研究成果、目前所达到的研究水平、采用的主要分析方法、研究过程中的经验教训、存在的问题以及尚待解决的问题等，以此凸显本研究的意义。另一方面，梳理气候变化合作及应对机制构建的一些国际经验，为我国农产品贸易隐含碳排放防控机制的构建提供经验借鉴。除此之外，广泛搜集统计年鉴资料，为宏观层面的数据分析提供资料积累。

2. 计量经济学方法

依据研究目的的差异，各部分将采用不同计量分析方法。其中，探讨农产品进、出口贸易与农业碳排放互动关系时将采用序列平稳性检验、协整分析、Granger 因果检验、脉冲响应、方差分解等方法；测算农产品贸易隐含碳排放时将利用投入产出法；对农产品出口贸易隐含碳排放进行因素分解时将采用 LMDI 分解法；探究农产品贸易增长与其隐含碳排放的脱钩关系时将借鉴脱钩分析理论及其方法体系。鉴于在相关章节会对上述计量分析方法进行详细的阐述与论证，在此就不做过多讨论。

1.5

研究的创新点

以往关乎对外贸易隐含碳排放问题的研究主要涉及综合视角，产业部门研究相对较少。本书则致力于农产品贸易隐含碳排放研究，探究了其时序演变规律、空间分异特征及驱动机理，在此基础上提出了相关对策。相比以往研究，这是一个大胆的尝试，在一定程度上体现了研究视角的新颖性。具体而言，本研究的创新性主要体现在以下三个方面：

（1）分析了我国农产品对外贸易与农业碳排放的相互关系，深层次揭示了二者间的互动机理。过往研究或单纯探究农产品对外贸易，或单纯分析农业碳排放问题，鲜有学者将二者衔接到一起进行研究。其结果是，虽然各自分析较为透彻，但对二者间的相互影响却缺少必要阐述。为了深化对该问题的认识，在本研究中，一方面搜集了农产品对外贸易数据，另一方面则对农业碳排放量进行了较为细致的测算；在此基础上，利用协整理论与相关模型分别探究了我国农产品进口贸易、出口贸易与农业碳排放之间的相互关系，深层次揭示了农产品对外贸易与农业碳排放之间的互动机理、影响程度及内部调节机制。

（2）测算了我国农产品对外贸易隐含碳排放，并分析了其时空特征及农产品出口隐含碳排放的驱动因素。截至目前，虽有少数学者尝试对我国农业隐含碳排放问题进行研究，但通常是对同一个地区的某一时间段或者不同地区的某一时间节点进行比较，鲜有人对这一问题展开较为系统的研究。而在本书第 4 章中，不仅对我国 2002 年以来的农产品对外贸易隐含碳排放进行了测度，同时还分析了其空间差异并探究了区域分布公平性。在此基础上，利用 LMDI 分解法探讨了农产品出口隐含碳排放的驱动机理，找出了导致其总量变化的关键因素。总体来看，相比以往研究，本书对我国农产品贸易隐含碳排放的把握更为全面、分析更为深入，这有助于增强我们的宏观认知。

（3）探究了我国农产品出口贸易与隐含碳排放之间的关系，并对其影响因素进行了分解。当前，虽有一些学者已着眼于对外贸易与生态环境二者关系的研究，但多为理论探讨，实证分析相对较少。而在本书第 5 章中，结合前面搜集的历年农产品出口贸易数据以及所测算的农产品出口隐含碳排放数据，利用脱钩模型探究了二者间的相互关系，同时基于纵向与横向双重视角进行深入分析。在此基础上，将 LMDI 分解法引入到 Tapio 脱钩模型解释了农产品出口贸易增长作用于隐含碳排放的机制及各主要影响因素的影响大小。与已有研究相比，无论是探究农产品出口贸易与其隐含碳排放之间的关系，还是将 Tapio 脱钩模型与 LMDI 结合运用到该问题的分析之中，均是一项有益的尝试，体现了研究切入点选择与方法运用的创新性。

第 **2** 章

中国农产品贸易发展与
农业碳排放现状分析

全面了解我国农产品国际贸易发展动态以及农业碳排放现状有助于增强我们的宏观认知，更为重要的是，能为后续研究即农产品对外贸易隐含碳的测度提供数据支撑。鉴于此，本章一方面基于 FAO 数据库以及相关年鉴对我国近些年来农产品对外贸易的发展情况进行回顾，并简要归纳其阶段特征与动态演变轨迹。另一方面，则在参考国内外相关研究成果和 IPCC 等研究机构观点的基础上，科学编制农业碳排放测算体系，对我国农业碳排放进行全面核算，并分析时空特征。在此基础上，简要探讨农产品贸易发展与农业碳排放二者间的关系。具体而言，本章分为五节：2.1 节是对我国农产品贸易发展进程进行回顾；2.2 节主要探究我国农产品的贸易发展情况，主要分为大类农产品、粮食作物以及经济作物等类别；2.3 节是对我国农业碳排放现状进行分析；2.4 节浅析农产品贸易与农业碳排放之间的关系；2.5 节是对本章内容进行小结。

2.1

中国农产品贸易发展历史回顾

为了保证数据的连续性、统一性与准确性，笔者从联合国粮农组织统计资料中获取到以下数据，详见表 2 - 1。

表 2 - 1　　　　　1978 ~ 2011 年我国农产品进出口额及贸易差额　　单位：万美元

年份	进口额	出口额	贸易差额	年份	进口额	出口额	贸易差额
1978	306 150.5	239 134.3	- 67 016.2	1995	1 161 380.7	1 148 032.3	- 13 348.4
1979	415 795.5	285 846.9	- 129 948.6	1996	1 028 414.5	1 153 036.9	124 622.4
1980	565 599.5	330 246.8	- 235 352.7	1997	917 585.0	1 213 064.4	295 479.4
1981	561 488.7	338 055.1	- 223 433.6	1998	756 726.7	1 119 838.2	363 111.5
1982	543 013.7	347 998.6	- 195 015.1	1999	709 546.2	1 075 065.4	365 519.2
1983	399 651.6	386 126.2	- 13 525.4	2000	991 205.4	1 211 175.2	219 969.8
1984	295 938.9	459 771.8	163 832.9	2001	1 044 134.2	1 195 421.1	151 286.9
1985	225 040.0	525 567.0	300 527.0	2002	1 069 981.9	1 356 906.5	286 924.6
1986	278 592.1	647 446.6	368 854.5	2003	1 741 918.1	1 595 160.6	- 146 757.5
1987	407 307.3	727 570.3	320 263.0	2004	2 610 239.1	1 633 913.5	- 976 325.6
1988	559 648.7	847 443.8	287 795.1	2005	2 624 451.2	1 947 222.6	- 677 228.6
1989	675 619.0	864 048.2	188 429.2	2006	3 054 018.2	2 134 709.1	- 919 309.1
1990	554 696.1	839 616.2	284 920.1	2007	3 937 952.1	2 679 199.7	- 1 258 752.4
1991	470 597.7	936 197.4	465 599.7	2008	5 707 911.8	2 914 717.8	- 2 793 194.0
1992	484 916.1	978 102.7	493 186.6	2009	4 958 988.6	2 821 189.7	- 2 137 798.9
1993	357 280.2	995 653.0	638 372.8	2010	7 095 255.3	3 489 298.8	- 3 605 956.5
1994	659 226.1	1 205 246.0	546 019.9	2011	9 506 624.6	4 230 453.4	- 5 276 171.2

资料来源：根据联合国粮农组织统计数据库（FAOSTAT）数据整理所得。

总体来看，自改革开放以来，我国农产品进出口贸易额由 1978 年的 545 284.8 万美元增长到 2011 年的 13 737 078.0 万美元，增加了约 24.19 倍。其中农产品进、出口额分别由 1978 年的 306 150.5 万美元和 239 134.3 万美元增至 2011 年的 9 506 624.6 万美元和 4 230 453.4 万美元，各自增加了 30.05 倍和 16.69 倍。依据农产品创汇能力的不同，可划分为三个阶段，包括两个贸易逆差期（1978 ~ 1983 年、2003 ~ 2011 年）和一个贸易顺差期（1984 ~ 2002 年）。农产品进口额与出口额差距总体呈现扩大趋势，尤其是在加入 WTO 之后这种情形更为突出，其中 2011 年贸易逆差达到了 5 276 171.2 万美元，创下了 30 多年来的最大差额（见图 2 - 1）。这也说明，随着与世界不同国家农产品贸易往来的增多，我国农产品进口需求越来越大，对全球市场的依赖程度不断加深，进口趋势越来越明显，农产品贸易逆差现象更加显著。

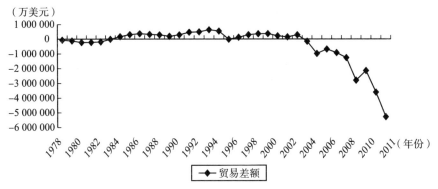

图 2 - 1　1978 ~ 2011 年我国农产品贸易差额变动趋势

同期，全球农产品进出口贸易额则由 1978 年的 36 130 611.5 万美元增长到 2011 年的 266 467 357.7 万美元，增长了 6.38 倍。其中，农产品进、出口额分别增长了 6.16 倍和 6.61 倍，其增幅均远低于中国。与此同时，中国农产品进出口总额占世界农产品进出口总额的比重也由 1978 年的 1.51% 增至 2011 年的 5.16%，上升趋势非常明显，这也从侧面反映了我国在农产品国际贸易中的地位正愈发重要。

由图 2 - 2 可知，在 1978 ~ 2011 年的 30 多年里，我国农产品进出口贸易虽总体上升趋势较为明显，但具体到不同时期也具有典型的阶段特征。

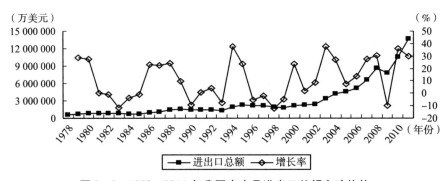

图 2 - 2　1978 ~ 2011 年我国农产品进出口总额变动趋势

为此，结合其变化特征，可将我国农产品进出口贸易情况划分为缓慢发展阶段（1978~1986年）、稳定发展阶段（1987~1993年）、徘徊发展阶段（1994~2002年）和快速发展阶段（2003~2011年）四个不同阶段。

2.1.1　缓慢发展阶段（1978~1986年）

在该阶段中，我国农产品进出口总额由1978年的545 284.8万美元增至1986年的926 038.7万美元，增加了380 753.9万美元，年均增速仅为6.84%。其中，1978~1980年农产品进出口总额上升趋势较为明显，增速均在20%以上；1980~1982年相对稳定，维持在890 000万美元左右；自1983年开始处于持续小幅下降状态，并逐渐稳定在750 000万美元附近；1986年迅速反弹，增长至926 038.7万美元。进出口总额在年际间虽存在一定起伏，但相比后期各个阶段其整体增速较为缓慢。具体到各年，1979年增速最快，达到了28.67%，1980年（27.68%）、1986年（23.37%）紧随其后；与之对应的是，1983年增速最慢（-11.81%），1984年（-3.83%）和1982年（-0.95%）则排在倒数二、三位（见图2-3）。

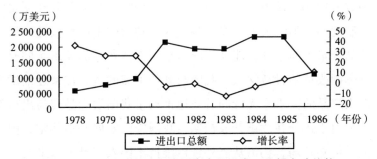

图2-3　1978~1986年我国农产品进出口总额变动趋势

农产品进口额则由1978年的306 150.5万美元下降到1986年的278 592.1万美元（见图2-4），减少约27 558.4万美元，下降约9个百分点；与之对应的是，农产品出口额则呈现出明显的逐年增长趋势，由1978年的

239 134.3 万美元增至 1986 年的 647 446.6 万美元，增加了 408 312.3 万美元，增幅达到了 170.75%。贸易逆差由 1978 年的 67 016.2 万美元迅速增至 1980 年的 235 352.7 万美元，在经过两年小幅下降后，在 1983 年迅速跌至 13 525.4 万美元；1984 年贸易差额转为顺差并持续攀升，至 1986 年达到了 368 854.5 万美元。总之，该阶段我国农产品贸易逆差与顺差两类情形均存在，相比顺差，逆差波动更大。

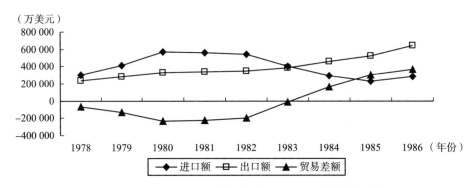

图 2 - 4　1978～1986 年我国农产品进出口总额变动趋势

究其原因，可能受我国改革开放政策的影响，家庭联产承包责任制的实行、1982～1986 年我国五个中央"一号文件"的相应出台及农副产品统购派购制度的取消，大大激发了各地区劳动力的生产积极性，使得我国主要农产品产量不断增加，能够不断满足国内消费者的需求。同时，随着市场经济体制改革的日益深入，我国与其他国家的贸易往来逐渐增多，这些国家对农产品的需求毫无疑问有效地推动了我国农产品贸易出口额的迅速增加。但由于还处在改革开放初期，我国经济发展并不稳定，国内农产品保障能力仍然较弱，仍需从国外进口维持本国农产品消费平衡。

2.1.2　稳定发展阶段（1987～1993 年）

由表 2 - 1 和图 2 - 5 可知，1987～1993 年我国农产品进出口总额较为稳定，波动较小，除 1988 年相比 1987 年有了大幅上升之外，其他各年基本一直维持在 1 400 000 万美元左右，相比于其他时期，该阶段农产品进出口贸易年际间差异较小，波动起伏不大，进出口总额的最大差额为 404 789.6 万美元，最小差额为 218 055.6 万美元，年均环比增长率为 2.97%，相比第一阶段增长率低 4 个百分点。就其增长状况而言，呈现出较为明显的"蝙蝠"状，即以 1990 为分界点形成了差异明显的"左高右低"特征；除 1990 年、1993 年为负增长之外，其他各年均保持正向增长；其中增幅较大的年份为 1988 年和 1987 年，分别增长了 23.99% 和 22.55%，下降幅度较大的年份则为 1990 年和 1993 年，分别减少了 9.44% 和 7.52%。

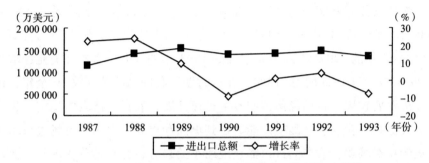

图 2 - 5　1987 ~ 1993 年中国农产品进出口总额变动趋势

农产品进口额总体呈现下降趋势（见图 2 - 6），由 1987 年的 407 307.3 万美元减少到 1993 年的 357 280.2 万美元，减少了 12.28%，其中 1987 ~ 1989 年为快速增长期，并于 1989 年达到阶段最高点，然后便迅速降至 1991 年的 470 597.7 万美元，1992 年一度小幅反弹，1993 年再度下降并降至历史最低点（257 280.2 万美元）；农产品出口额变动不大，与进出口总额增长率变动情况不一样的是，尽管其整体上也呈现出明显的"蝙蝠状"变动趋势，但"右翼"相对高于"左翼"，即以 1990 年为分界点，"左翼"由历史最低点 727 570.3 万美元上升到 864 048.2 万美元，"右翼"则由 936 197.4 万美元增加到历史最高点 995 653 万美元；最高点和最低点差值为 268 082.7 万美元，年均环比增长率为 5.37%。

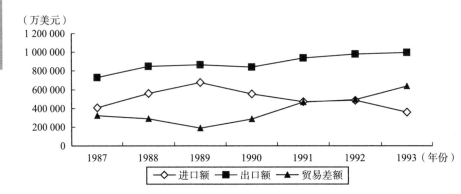

图 2 - 6　1987～1993 年我国农产品进出口贸易变动趋势

该阶段贸易差额一直为正,但总体上可划分为持续下降期(1987～1988 年)与持续上升期(1989～1993 年)两个阶段。我国农产品贸易差额由 1987 年的 320 263 万美元增加到 1993 年的 638 372.8 万美元,增长了 99.33%,年均递增 12.18%。在这时期,我国已改革开放 10 余年,市场经济发展较快,各项经济体制改革迅速开展,农村经济较为稳定,生产力大大提高,我国农产品生产能力得到巩固和提高,对国外市场进口市场的依赖相对减弱,农产品进口额呈现缩小的趋势,并且随着我国与世界其他市场经济国家贸易往来的增多,其他国家对农产品的大量需求也促进了我国农产品出口贸易的发展,使我国农产品出口额迅速增加。

2.1.3　徘徊发展阶段 (1994～2002 年)

总体而言,该阶段农产品进出口总额在徘徊中"前进",呈现出明显的三阶段特征(见图 2 - 7),即快速上升期(1994～1995 年)、缓慢下降期(1996～1999 年)与缓慢上升期(2000～2002 年)。首先,我国农产品进出口总额由 1994 年的 1 864 472.1 万美元迅速增加到 1995 年的 2 309 413 万美元,增加了 444 940.9 万美元,增幅为 23.86%,之后便一直缓慢下降,于 1999 年落至最低点 1 794 611.6 万美元,在 2000 年迅速反弹,2000～2002 年小幅增加。从农产品进出口总额的变动情况就基本上可以了解其增长情况,其中增长较快的年份为 1994 年

（37.81%）、1995 年（23.86%）和 2000 年（23.41%），而下降较快的年份依次为 1998 年（11.93%）、1996 年（5.54%）和 1999 年（4.9%）。总体而言，8 年内增加了 30.16%，年均递增 3.35%。

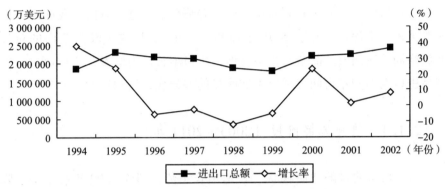

图 2-7　1994~2002 年我国农产品进出口总额变动趋势

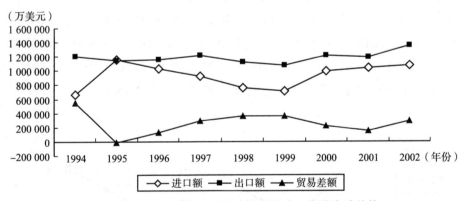

图 2-8　1994~2002 年我国农产品进出口贸易变动趋势

如图 2-8 所示，在该阶段，农产品进口额与进出口总额的变动趋势相一致，呈现出类似轨迹，即由 1994 年的 659 226.1 万美元迅速增加到 1995 年的 1 161 380.7 万美元，1996~1999 年又缓慢下降至 709 546.2 万美元，2000~2002 年小幅上升至 1 069 981.9 万美元，8 年内增加了 62.31%，年均递增 6.24%。农产品出口额则较为平稳，即由 1994 年的 1 205 246 万美元增加到 2002 年的 1 356 906.5 万美元，8 年内增加了

12.58%，年均递增1.49%；根据不同时期的变动情况及特征，大致可以分为三个阶段，其中1994～1996年为波动下降期，1997～1999年为持续下降期，2000～2002年为波动上升期。

总体看来，尽管不同年份贸易差额存在较大差异性，但我国在农产品进出口贸易中一直处于有利地位，顺差趋势明显。这一阶段，我国经济体制改革进一步深化，并于2001年顺利"入世"，形成了较为全面的对外开放格局，我国农产品贸易稳中有增，出口增长较为缓慢；相比出口，农产品进口在不同年份间表现出更加明显的差异性，波动较大。

2.1.4 快速发展阶段（2003～2011年）

该阶段呈明显的"阶梯状"快速增长态势，即除2009年有小幅下降之外，其他年份均有明显增加；2003年进出口总额为3 337 078.7万美元，至2011年达到13 737 078万美元，增加10 399 999.3万美元，增长了311.65%，年均递增19.35%。其中增长较快的年份为2003年（37.5%）、2010年（36.05%）和2008年（30.31%），年增率均在30%以上，2004年（27.18%）、2007年（27.53%）和2011年（29.78%）增长率也均在27%以上，增长态势非常明显（见图2-9）。

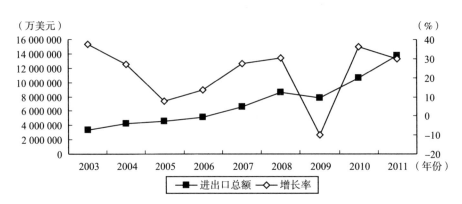

图2-9 2003～2011年我国农产品进出口总额变动趋势

农产品进口额与进出口总额的变动具有类似的轨迹，也呈现出明显的

"阶梯状"态势，从 2003 年的 1 741 918.1 万美元持续上升至 2008 年的 5 707 911.8 万美元，增长了 227.68%，年均增速 26.79%，2009 年骤降至 4 958 988.6 万美元，之后便迅速反弹，2010 年和 2011 年增长趋势明显；2003 ~ 2011 年农产品进口额增长了 445.76%，年均递增 23.63%。出口额虽然在 2009 年也出现缩减，但其下降幅度要明显小于进口额和进出口总额，从 2003 年的 1 595 160.6 万美元增加至 2011 年的 4 230 453.4 万美元，增长了 165.21%，年均递增 12.97%（见图 2 - 10）。

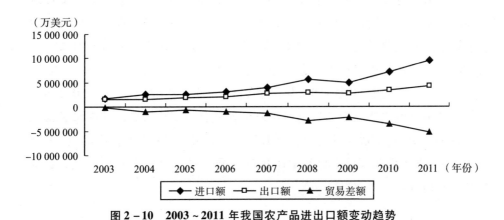

图 2 - 10　2003 ~ 2011 年我国农产品进出口额变动趋势

　　总体来看，这一阶段我国农产品进出口贸易发展较快，特别是进口额持续增加，使我国在国际农产品贸易格局中一直处于逆差地位。原因在于，我国已经成为世界贸易组织成员国，随着与各成员国之间联系的不断加强，进出口市场的不断扩大，农产品贸易实现"跨越发展"，进出口贸易额均高速增长，尽管 2009 年受金融危机的影响对进出口产生一定的影响，但很快恢复正常；另外，随着我国社会经济的不断发展，耕地、水资源等自然资源约束条件趋紧，加之人民生活水平的提高和饮食消费结构的改变，使得人民在关注农产品数量的同时，更加注重农产品的质量，众多因素导致我国农产品进口增加的速度远高于出口，对国际进口市场的依赖性越来越大。

2.2

我国主要农产品贸易发展情况

2.2.1 主要大类农产品进出口贸易

中国作为世界上最大的发展中国家，特别是在1992年社会主义市场经济体制确立之后，人民日益增长的物质需求，进一步使得农产品对外贸易发生巨大变化，故本节选取1993～2011年这段时期作为研究对象，对我国主要农产品进出口情况进行分析。

由表2-2可知，1993～2011年，除谷物出口额出现大幅下降（-50.23%）外，我国其他主要农产品进出口额均呈现显著的增长态势，其中增长最为迅猛的为水果和蔬菜进口额（54.23倍），其次为肉类进口额（30.45倍），尽管水果和蔬菜出口额增速相对较慢，但在总量上一直占优，远远高于其他各项。

表2-2 1993～2011年我国主要农产品大类进出口额 单位：万美元

年份	谷物		肉类		水果和蔬菜	
	进口额	出口额	进口额	出口额	进口额	出口额
1993	100 441.3	151 115.6	6 693.7	65 151.1	9 904.5	221 765.6
1994	128 965.2	155 959.6	8 275.4	88 555.5	10 302.6	293 616.6
1995	359 191.0	13 126.8	9 156.7	134 415.6	18 463.1	340 002.8
1996	256 896.7	34 581.4	15 212.8	141 436.2	29 721.9	311 533.7
1997	90 735.7	130 220.1	14 185.1	129 745.2	33 217.8	313 179.6
1998	71 143.8	156 820.3	12 795.4	113 743.0	33 963.8	303 668.6
1999	51 411.7	118 023.6	45 560.9	105 246.4	38 307.6	314 160.4
2000	58 902.9	168 860.7	56 907.6	124 290.3	51 743.8	334 845.5
2001	62 456.9	109 282.3	51 870.3	144 543.8	67 730.3	376 603.6

年份	谷物		肉类		水果和蔬菜	
	进口额	出口额	进口额	出口额	进口额	出口额
2002	49 180.0	171 208.8	55 625.2	136 179.1	68 564.8	430 564.3
2003	45 331.2	264 838.6	61 154.0	139 980.5	87 224.1	523 646.2
2004	222 642.6	81 795.0	26 427.9	159 896.2	116 695.7	618 702.8
2005	140 451.8	149 866.1	43 119.9	192 956.0	134 705.1	740 753.4
2006	83 216.8	113 509.2	55 037.8	202 138.2	170 235.4	897 654.2
2007	52 322.5	217 780.6	116 981.6	207 083.9	200 570.0	1 136 427.4
2008	70 599.1	75 010.4	174 231.7	191 348.2	214 713.4	1 245 486.2
2009	88 274.0	71 412.0	130 843.9	191 813.0	310 998.9	1 231 404.8
2010	150 801.8	65 716.0	142 487.2	243 767.0	412 132.9	1 568 074.4
2011	202 166.3	75 209.0	210 548.2	293 304.8	547 041.6	1 886 137.4

资料来源：根据联合国粮农组织统计数据库（FAOSTAT）数据整理所得。

该阶段中，谷物进口额和出口额出现较大波动且两者差异明显，进口额增长明显，由1993年的100 441.3万美元增至2011年的202 166.3万美元，增加了101.28%；而出口额则相反，由1993年的151 115.6万美元降至2011年的75 209万美元，减少了50.23%。具体看来，谷物进口额在1993～1997年和2003～2007年两个时期均呈"倒V"字型，1998～2002年波动下降，2008～2011年则持续上升，即由1993年的100 441.3万美元快速增至1995年历史最高点359 191万美元，之后便迅速跌至1997年的90 735.7万美元，大起大落之势明显；1998～2003年虽有变化，但相比而言波动较小，由71 143.8万美元降至49 180万美元，降幅为30.87%；2004年达到次高峰值222 642.6万美元，之后持续下降至2007年的52 322.5万美元，降幅为76.50%；2008～2011年再次反弹，由70 599.1万美元增至202 166.3万美元，增长了1.86倍。谷物出口额波动大且频繁，在1994年有小幅上升之后，便迅速跌至该阶段历史最低年份1995年的13 126.8万美元，一年内减少了91.58%；1996～1998年由34 581.4万美元持续增至156 820.3万美元，两年内增加了3.53倍；自1999年起，便"一起一落"持续至2008年，由118 023.6万美元降至

75 010.4 万美元，下降了 36.44%；2009～2011 年变化相对较小，由 71 412 万美元降至 65 716 万美元后，再次升至 75 209 万美元，增长了 5.32%。

同期，我国肉类进出口额波动幅度虽然较谷物小，但其波动趋势也较为明显，阶段性特征显著；进口额和出口额分别由 1993 年的 6 693.7 万美元和 65 151.1 万美元增至 2011 年的 210 548.2 万美元和 293 304.8 万美元，各自增加了 30.45 倍和 3.50 倍；尽管出口额增速较慢，但贸易顺差趋势明显。具体看来，1993～1998 年和 1998～2004 年我国肉类进口额均呈波动上升态势，分别增长了 91.16% 和 106.54%，前者波动小且较为平稳，而后者波动较大；2004～2008 年持续上升，5 年内增长了 5.59 倍，为增速最快时期；在 2008 年达到次高峰值后，2009 年迅速回落至 130 843.9 万美元，而 2011 年再次反弹至 210 548.2 万美元。与此同时，肉类出口额则呈现明显的右上"波浪状"阶段式变化趋势，即 1993～1998 年、1999～2003 年、2004～2008 年和 2009～2011 年四个阶段；其中，第一阶段在由 1993 年的 65 151.1 万美元增至 1996 年的 141 436.2 万美元后，回落至 1998 年的 113 743 万美元，5 年内增长了 74.58%；第二阶段，由 1999 年的 105 246.4 万美元达到该阶段峰值 144 543.8 万美元后，缓慢下降并趋于平稳；第三阶段，在由 2004 年的 159 896.2 万美元快速增至 2005 年的 192 956 万美元后，增速放缓，后经 2007 年达到 207 083.9 万美元，再次回落至 2008 年的 191 348.2 万美元；最后，在经历三个不同程度波动后，2009～2011 年从 191 813 万美元持续飙升至 293 304.8 万美元，两年内增加了 52.91%。

相比谷物和肉类进出口而言，除个别年份略微下降外，我国水果和蔬菜的进出口基本上保持着良好的增长态势，其中水果和蔬菜进出口额分别从 1993 年的 9 904.5 万美元和 221 765.6 万美元增至 2011 年的 547 041.6 万美元和 1 886 137.4 万美元，各自增加了 54.23 倍和 7.51 倍，年均递增 24.96% 和 12.63%，尽管进口额增长速度较出口额快，但其数量上远远小于出口额。具体看来，自 1993 年起我国水果和蔬菜进口额就一直保持上升趋势，尤其以 2009～2011 年进口额增长最为迅猛，总量上分别增加了 96 285.5 万美元、101 134 万美元和 134 908.7 万美元，并于 2011 年达到该阶段历史最高值（547 041.6 万美元）。相比水果和蔬菜进口而言，出口额在数值上不仅占绝对优势且波动更加剧烈；除 1996 年、1998 年和 2009 年较前一年有所下降，其他年份均有明显增加，即从 1993 年的 221 765.6 万美元增至 1995 年的 340 002.8 万美元，1996 年迅速降至 311 533.7 万美元，1997 年反弹至 313 179.6 万美元，1998 年再次跌落至 303 668.6 万美元，之后持续走高，一直增至 2008 年的 1 245 486.2 万美元，9 年内增加了 2.96 倍，年均递增 16.54%，2009 年再次出现小幅下滑，2010 年和 2011 年增势强劲，较前一年分别增长了 336 669.6 万美元和 318 063 万美元，两年内增加了 53.17%，年均递增 23.76%。

　　显而易见，随着我国经济社会的不断发展，我国对世界农产品市场的依赖程度加深，谷物进口规模逐渐扩大，而出口额减少，我国农产品进出口贸易已经形成了以肉类、水果和蔬菜为主的贸易格局，特别是水果和蔬菜的重要地位愈加彰显，而且这一贸易格局将会在很长一段时间内长期存在。

2.2.2　主要粮食作物和经济作物进出口贸易

　　就具体的主要粮食作物和经济作物而言，除小麦进口贸易呈波动下降态势，油菜籽的进口贸易呈持续上升态势外，其他主要作物的进出口贸易均呈现出波动上升态势。其中波动最大的是小麦进口贸易，其次是稻米的出口贸易。具体而言，稻米的进口贸易从 1993 年的 3 496.9 万美元猛增至 1995 年的 43 352.9 万美元，两年间累计增长 39 856 万美元，年均增长 252.10%，此后便处于波动起伏状态。2011 年上升至 38 675 万美元，18 年内增长了 1 005.98%，年均递增 14.28%（见表 2 - 3）；出口贸易在由 1993 年的 25 276 万美元增至 1994 年的 51 460.8 万美元后，便迅速回落至历史最低点（1995 年）1 623.7 万美元，1996～1998 年再次猛增至历史最高点 92 403.2 万美元，之后便反反复复，波动下降至 2011 年的 42 695.9 万美元。1993～1995 年小麦进口额迅速增加，在达到历史最高值 203 679.1 万美元后，在 1997 年回落至 38 429.1 万美元，之后便以 2004 年为次高点呈"倒 V"字型向两边发散；相比较进口而言，小麦出口额波动较小，分别以 1996 年、2003 年和 2007 年为峰点，呈"波浪形"变化，但三个峰值依次增高；18 年间小麦的出口贸易增加 248.63%，年均递增 7.18%。

表 2 -3　　　1993~2011 年主要粮食作物与经济作物进出口额情况

单位：万美元

年份	稻米		小麦（含面粉）		豆类		油菜籽		烟草	
	进口额	出口额	进口额	出口额	进口额	出口额	进口额	出口额	进口额	出口额
1993	3 496.9	25 276.0	84 118.0	4 613.1	970.1	26 123.8	2 880.4	43 434.7	20 026.2	64 035.2
1994	14 148.9	51 460.8	96 902.4	3 769.3	229.0	43 735.9	6 237.5	66 601.7	3 234.3	68 635.9
1995	43 352.9	1 623.7	203 679.1	5 673.3	279.5	35 856.5	10 958.3	52 227.9	35 894.4	99 901.1
1996	28 646.8	11 163.9	190 408.5	15 894.9	5 092.3	24 817.2	32 565.8	47 837.9	45 698.8	97 569.0
1997	13 977.0	26 457.1	38 429.1	12 541.9	3 147.7	26 668.0	87 404.8	27 942.4	25 440.5	65 759.7
1998	12 004.2	92 403.2	29 405.9	7 530.0	2 236.5	21 704.0	122 657.2	28 691.2	10 571.3	57 799.1
1999	7 815.3	65 589.4	10 272.2	4 577.3	1 572.3	27 804.9	153 136.3	37 253.1	8 755.9	33 632.1
2000	11 271.5	56 105.5	16 233.2	4 550.7	3 034.4	23 111.9	294 359.4	41 667.6	20 444.5	30 189.5
2001	9 885.3	32 900.5	13 853.7	10 533.7	3 620.3	27 978.9	321 607.4	46 054.0	26 755.4	38 619.1
2002	7 966.5	38 039.8	11 271.3	13 186.3	2 913.3	31 909.9	264 125.2	46 161.0	24 303.7	43 265.9
2003	9 653.2	49 466.3	8 552.3	32 485.2	2 147.3	35 867.4	552 035.9	57 648.1	30 737.5	49 308.7
2004	25 153.9	23 255.2	164 960.7	18 960.2	3 053.9	33 092.3	720 459.9	58 906.1	29 200.9	51 358.0
2005	19 607.9	22 464.8	77 287.2	12 292.9	7 294.3	38 815.5	799 995.7	70 433.0	38 380.9	53 724.5
2006	28 847.0	40 873.9	11 931.0	25 830.5	9 889.5	40 552.4	794 592.9	57 462.8	46 330.0	56 560.3
2007	21 763.1	47 858.3	2 871.1	69 153.7	10 858.7	54 166.7	1 204 503.3	70 986.5	54 094.7	63 853.9
2008	18 339.9	48 142.9	1 479.1	10 789.6	16 347.9	82 558.0	2 287 760.4	100 102.7	78 778.4	741 61.1
2009	20 140.2	52 356.5	21 116.8	9 826.6	13 640.9	81 564.4	2 068 301.0	73 514.2	84 365.3	87 810.7
2010	25 328.6	41 605.7	31 583.6	11 772.0	27 289.9	83 590.9	2 654 098.1	70 720.3	79 070.6	102 030.2
2011	38 675.0	42 695.9	42 368.8	16 082.6	39 787.0	94 170.0	3 137 098.8	82 685.5	113 796.4	114 050.9

资料来源：根据联合国粮农组织统计数据库（FAOSTAT）数据整理所得。

豆类和油菜籽的进口额除在 2009 年有小幅减少外，其他年份均持续增加；其中豆类 18 年间进口额增加了 40 倍，年均递增 22.92%；而油菜籽 18 年间增长了 1 088 倍，年均递增 47.48%，成为我国最主要的进口农产品。这与人民生活水平不断提高，对食用油使用量的迅速增加，以及我国耕地资源日益减少的现实国情密切相关。与油菜籽不同的是，我国大豆的出口额一直高于进口额，18 年间增加 2.6 倍，年均递增 7.38%，油菜籽出口贸易 18 年间增加 90.37%，年均递增 3.64%。豆类和油菜籽出口额均呈波动上升态势，油菜籽的上升趋势更为明显且波动更大。

烟草作为一种重要的经济作物，进出口额均呈增长态势，总体来看，其进口额要小于出口额，且出口波动较大；烟草进口额从 1993 年起，便一直反复，2004～2009 年持续增长至 84 365.3 万美元，2010 年回落至 79 070.6 万美元，2011 年迅速反弹，18 年间增长 468.24%，年均递增 10.13%；同期，烟草出口贸易呈现出明显的"三阶段"特征，即 1993～1995 年和 2001～2011 年为持续上升期，1996～2000 年为持续下降期，18 年间增长了 78.11%，年均递增 3.26%。

2.3
我国农业碳排放现状分析

2.3.1　农业碳排放测算体系构建与碳源因子选择

相比工业碳排放，农业碳排放源头呈现多样性、复杂性特征。结合以往相关研究，可将农业碳排放源头归为三个方面：一是农用物资投入所引发的碳排放；二是水稻种植所导致的甲烷等温室气体排放；三是畜禽养殖所引发的甲烷和氧化亚氮排放（闵继胜等，2012；田云等，2012）。在参考宋德勇、李波等学者碳排放公式构建方法的基础上，构建农业碳排放测算公式如下：

$$E = \sum E_i = \sum T_i * \delta_i \tag{2.1}$$

式（2.1）中，E 为农业碳排放总量，E_i 为各类碳源碳排放量，T_i 为各碳排放源的量，δ_i 为各碳排放源的排放系数。在此基础上，根据农业碳排放源头特征，从三个方面（即农用物资投入、水稻种植和畜禽养殖）确定具体的碳源因子及其所对应的碳排放系数。

一是农用物资投入所引发的碳（C）排放。具体包括化肥、农药、农膜、农用柴油的使用以及农业灌溉耗费电能等直接或间接所导致的碳排放，相关排放系数出自田云等（2013）的研究，分别取 0.8956 千克 C/千克、4.9341 千克 C/千克、5.18 千克 C/千克、0.5927 千克 C/千克和 266.48 千克 C/公顷。

二是稻田所引发的甲烷（CH_4）排放。由于我国不同地区水热条件存在较大差异，导致水稻在同一地区的不同生长周期或者不同地点的同一生长周期 CH_4 排放系数也不尽相同；为此，本研究将参考王明星（1998）、闵继胜等（2002）所测算出的带有地区差异性的 CH_4 排放系数，如表 2-4 所示。

表 2-4 　　　　我国各地区水稻生长周期内的 CH_4 排放系数　　　　单位：g/m^2

地区	早稻	晚稻	中季稻	地区	早稻	晚稻	中季稻	地区	早稻	晚稻	中季稻
北京	0	0	12.23	安徽	16.75	27.60	51.24	四川	6.55	18.50	25.73
天津	0	0	11.34	福建	7.74	52.60	43.47	贵州	5.10	21.00	20.05
河北	0	0	15.33	江西	15.47	45.80	65.42	云南	2.38	7.60	7.25
山西	0	0	6.62	山东	0	0	21.00	西藏	0	0	6.83
内蒙古	0	0	8.93	河南	0	0	17.85	陕西	0	0	12.51
辽宁	0	0	9.24	湖北	17.51	39.00	58.17	甘肃	0	0	6.83
吉林	0	0	5.57	湖南	14.71	34.10	56.28	青海	0	0	0
黑龙江	0	0	8.31	广东	15.05	51.60	57.02	宁夏	0	0	7.35
上海	12.41	27.50	53.87	广西	12.41	49.10	47.78	新疆	0	0	10.50
江苏	16.07	27.60	53.55	海南	13.43	49.40	52.29				
浙江	14.37	34.50	57.96	重庆	6.55	18.50	25.73				

三是畜禽养殖所引发的温室气体排放。包括肠道发酵所引发的 CH_4 排放以及粪便排放中所导致的 CH_4 和 N_2O 排放；具体到我国，主要涉及牛

（分为水牛、奶牛和黄牛）、马、驴、骡、骆驼、猪、羊（分为山羊和绵羊）、家禽等畜禽品种；相关排放系数均源于 IPPC，如表 2 - 5 所示。

表 2 - 5　　　　　　　　主要牲畜品种对应的碳排放系数

碳源	肠道发酵	粪便排放		参考来源	碳源	肠道发酵	粪便排放		参考来源
	CH_4	CH_4	N_2O			CH_4	CH_4	N_2O	
	千克/头/年	千克/头/年	千克/头/年			千克/头/年	千克/头/年	千克/头/年	
奶牛	61	18	1	IPCC	骆驼	46	1.92	1.39	IPCC
水牛	55	2	1.34	IPCC	猪	1	4	0.53	IPCC
黄牛	47	1	1.39	IPCC	山羊	5	0.17	0.33	IPCC
马	18	1.64	1.39	IPCC	绵羊	5	0.15	0.33	IPCC
驴	10	0.9	1.39	IPCC	家禽	0	0.02	0.02	IPCC
骡	10	0.9	1.39	IPCC					

由于畜禽饲养周期存在差异，本书在实际运算中将对其年均饲养量进行调整（胡向东等，2010）。其中，对于出栏量大于 1 的生猪和家禽，其生命周期分别取 200 天和 55 天。当出栏量大于或等于 1 时，平均饲养量根据出栏量进行调整，公式如下：

$$N_i = Days\_alive_i \times \frac{M_i}{365} \qquad (2.2)$$

式（2.2）中，N_i 为 i 种畜禽年平均饲养量，$Days\_alive_i$ 为 i 种畜禽平均生长周期，M_i 为 i 种畜禽年生产量（出栏量）。

当出栏率小于 1 时，畜禽年平均饲养量根据年末存栏进行调整，即

$$N_i = (C_{it} + C_{i(t-1)})/2 \qquad (2.3)$$

式（2.3）中，N_i 为 i 种畜禽年平均饲养量，C_{it}、$C_{i(t-1)}$ 分别表示 i 种畜禽第 t 年年末存栏量和第 t-1 年年末存栏量。

另外，需要说明的是，为了便于计算，在对农业碳排放量进行加总时统一将 C、CH_4、N_2O 置换成标准 CO_2，根据 IPCC 第四次评估报告（2007）可知，1tCH_4、N_2O 所引发的温室效应分别等同于 25t CO_2 和 298t CO_2 所产生的温室效应。

2.3.2 我国农业碳排放时序演变规律

基于前面所给出的碳排放公式以及相关原始数据，测算 1993 ～ 2012 年我国农业碳排放量如表 2 - 6 所示。由表 2 - 6 可知，1993 年以来，我国农业碳排放量总体处于增长态势，排放量由 1993 年的 75 529.13 万 t 标准 CO_2 增至 2012 年的 99 353.06 万 t 标准 CO_2，19 年间增长了 31.54%，年均递增 1.45%。其中，农用物资碳排放由 1993 年的 20 046.97 万 t 标准 CO_2 增至 2012 年的 37 707.93 万 t 标准 CO_2，19 年间增加了 88.10%，年均递增 3.38%；水稻碳排放由 22 899.32 万 t 标准 CO_2 增至 23 498.83 万 t 标准 CO_2，19 年间增加了 2.62%，年均递增 0.14%；畜禽养殖碳排放由 32 582.84 万 t 标准 CO_2 增至 38 146.30 万 t 标准 CO_2，19 年间增加了 17.07%，年均递增 0.83%。总体而言，在过去的近 20 年里，我国农用物资、稻田以及畜禽养殖碳排放量均有不同程度增加，其中以农用物资碳排放增幅最大，稻田居中，畜禽养殖增幅最小。从碳排放结构来看，虽年际间存在变化，但三足鼎立态势仍较为明显。

表 2 - 6　　　　1993 ～ 2012 年我国农业碳排放总量及构成　　　单位：万 t 标准 CO_2

年份	农用物资		稻田		畜禽		合计	
	总量	比重（%）	总量	比重（%）	总量	比重（%）	总量	比重（%）
1993	20 046.97	26.54	22 899.32	30.32	32 582.84	43.14	75 529.13	100.00
1994	21 219.59	26.74	23 013.27	29.00	35 130.86	44.27	79 363.72	100.00
1995	22 678.88	26.89	23 176.26	27.48	38 482.64	45.63	84 337.78	100.00
1996	23 934.65	27.02	24 224.43	27.35	40 423.73	45.63	88 582.81	100.00
1997	25 157.57	28.79	24 474.68	28.01	37 741.80	43.20	87 374.05	100.00
1998	25 898.29	29.56	24 113.18	27.52	37 601.83	42.92	87 613.29	100.00
1999	26 463.38	29.43	24 364.22	27.10	39 080.16	43.47	89 907.76	100.00
2000	26 781.26	29.72	23 446.39	26.02	39 887.60	44.26	90 115.25	100.00
2001	27 557.45	30.77	22 617.28	25.25	39 395.78	43.98	89 570.51	100.00

年份	农用物资		稻田		畜禽		合计	
	总量	比重（%）	总量	比重（%）	总量	比重（%）	总量	比重（%）
2002	28 135.18	30.97	22 483.86	24.75	40 220.05	44.28	90 839.10	100.00
2003	28 608.65	31.15	21 401.64	23.30	41 834.97	45.55	91 845.26	100.00
2004	30 202.75	31.22	22 906.51	23.68	43 625.53	45.10	96 734.79	100.00
2005	31 152.21	31.23	23 304.87	23.36	45 290.78	45.41	99 747.86	100.00
2006	32 093.79	31.73	23 463.85	23.20	45 596.72	45.08	101 154.36	100.00
2007	33 302.94	34.69	23 079.88	24.04	39 626.52	41.27	96 009.34	100.00
2008	33 858.60	36.07	23 287.92	24.81	36 713.24	39.11	93 859.76	100.00
2009	34 775.34	36.29	23 462.83	24.48	37 589.70	39.23	95 827.86	100.00
2010	35 865.78	36.88	23 519.68	24.18	37 872.13	38.94	97 257.59	100.00
2011	36 821.10	37.53	23 566.85	24.02	37 727.28	38.45	98 115.22	100.00
2012	37 707.93	37.95	23 498.83	23.65	38 146.30	38.39	99 353.06	100.00
年均增速	3.38%	—	0.14%	—	0.83%	—	1.45%	—

从时序演变规律来看，可分为 5 个阶段：1993～1999 年为波动增长阶段，农业碳排放量总体处于增加态势但年际间存在一定反复。总量由 75 529.13 万 t 标准 CO_2 增至 89 907.76 万 t 标准 CO_2，上升趋势较为明显，但同时在 1996～1998 年间却存在一定起伏，表现出了反复性。1999～2002 年为平稳阶段，碳排放总量虽存在一定起伏但变化幅度不大，一直维持在 90 000 万 t 标准 CO_2 左右。2002～2006 年为持续上升期，农业碳排放量持续增加，由 90 839.10 万 t 标准 CO_2 迅速增至 101 154.36 万 t 标准 CO_2，年均增速高达 2.73%。2006～2008 年为持续下降期，农业碳排放量连续两年大幅下降，由 101 154.36 万 t 标准 CO_2 减至 93 859.76 万 t 标准 CO_2。2008～2012 年再度处于持续上升期，农业碳排放量连续四年增加，由 93 859.76 万 t 标准 CO_2 升至 99 353.06 万 t 标准 CO_2。具体到三大源头，其演变轨迹又存在一定差异。其中，农用物资碳排放量处于持续增长态势，这主要由农用投入物资的增加引致；稻田碳排放量年际间波动较大，时而增加时而减少，但总体呈现一个"上升—下降—上升"的三阶段变化特征，这主要受水稻种植规模和种植时节选择的影响；畜禽养殖碳

排放变化轨迹与稻田碳排放基本一致，年际间起伏较大，总体经历了一个"波动上升—下降—缓慢上升"的三阶段变化轨迹，主要受畜禽饲养规模和养殖品种调整的影响。

2.3.3 我国农业碳排放空间分布特征

进一步测算我国 31 个省（区、市）2012 年农业碳排放量如表 2 - 7 所示。从中不难发现，我国不同省区农业碳排放量差异较为明显，其中，河南省居于第一位，其 2012 年农业碳排放量达 6 855.67 万 t 标准 CO_2；湖南以微弱劣势紧随其后，其农业碳排放量为 6 800.58 万 t 标准 CO_2；排在 3 ~ 10 位的依次是四川、江苏、山东、湖北、安徽、江西、广西和河北，其农业碳排放量分别为 6 433.01 万 t 标准 CO_2、5 800.11 万 t 标准 CO_2、5 705.62 万 t 标准 CO_2、5 656.62 万 t 标准 CO_2、5 372.53 万 t 标准 CO_2、4 948.28 万 t 标准 CO_2、4 448.38 万 t 标准 CO_2 和 4 356.65 万 t 标准 CO_2。与之对应，北京农业碳排放量最少，仅为 220.11 万 t 标准 CO_2；天津居于倒数第二位，为 315.35 万 t 标准 CO_2；排在倒数 3 ~ 10 位的地区依次是上海（335.37 万 t 标准 CO_2）、宁夏（582.32 万 t 标准 CO_2）、海南（878.50 万 t 标准 CO_2）、青海（1 188.15 万 t 标准 CO_2）、山西（1 219.24 万 t 标准 CO_2）、西藏（1 486.05 万 t 标准 CO_2）、重庆（1 579.67 万 t 标准 CO_2）和陕西（1 837.12 万 t 标准 CO_2）。总体而言，农业碳排放大省以粮食主产省区为主，集中分布于我国东、中部地区；农业碳排放较低的省份主要包括四大直辖市和一些中西部省份。

表 2 - 7 我国 31 个省（区、市）2012 年农业碳排放量及构成

单位：万 t 标准 CO_2

地区	农用物资		稻田		畜禽		合计	
	总量	比重（%）	总量	比重（%）	总量	比重（%）	总量	排名
北京	104.59	47.52	0.07	0.03	115.45	52.45	220.11	31
天津	178.60	56.63	4.14	1.31	132.62	42.05	315.35	30
河北	2 557.91	58.71	32.92	0.76	1 765.82	40.53	4 356.65	10

续表

地区	农用物资		稻田		畜禽		合计	
	总量	比重（%）	总量	比重（%）	总量	比重（%）	总量	排名
山西	725.35	59.49	0.17	0.01	493.72	40.49	1 219.24	25
内蒙古	1 252.91	31.44	19.94	0.50	2 711.97	68.06	3 984.81	13
辽宁	1 186.99	43.40	152.88	5.59	1 395.36	51.01	2 735.23	16
吉林	1 205.29	49.13	97.64	3.98	1 150.10	46.88	2 453.03	18
黑龙江	1 864.66	46.57	637.75	15.93	1 501.45	37.50	4 003.86	12
上海	128.83	38.41	141.54	42.21	65.00	19.38	335.37	29
江苏	2 059.92	35.52	3 017.81	52.03	722.38	12.45	5 800.11	4
浙江	1 104.94	44.16	1 014.43	40.54	382.86	15.30	2 502.23	17
安徽	1 986.31	36.97	2 477.08	46.11	909.14	16.92	5 372.53	7
福建	893.37	40.95	792.76	36.34	495.33	22.71	2 181.46	20
江西	987.49	19.96	2 952.58	59.67	1 008.21	20.37	4 948.28	8
山东	3 345.74	58.64	65.05	1.14	2 294.83	40.22	5 705.62	5
河南	3 526.98	51.45	289.26	4.22	3 039.43	44.33	6 855.67	1
湖北	1 924.76	34.03	2 378.95	42.06	1 352.91	23.92	5 656.62	6
湖南	1 545.16	22.72	3 456.64	50.83	1 798.77	26.45	6 800.58	2
广东	1 443.72	34.31	1 659.73	39.45	1 104.08	26.24	4 207.53	11
广西	1 300.41	29.23	1 667.94	37.50	1 480.04	33.27	4 448.38	9
海南	334.66	38.09	271.59	30.92	272.25	30.99	878.50	27
重庆	538.21	34.07	441.91	27.98	599.54	37.95	1 579.67	23
四川	1 540.53	23.95	1 284.45	19.97	3 608.03	56.09	6 433.01	3
贵州	573.15	26.57	376.50	17.45	1 207.38	55.97	2 157.04	21
云南	1 315.93	36.61	191.76	5.34	2 086.51	58.05	3 594.20	14
西藏	55.23	3.72	0.17	0.01	1 430.65	96.27	1 486.05	24
陕西	1 188.56	64.70	38.56	2.10	610.00	33.20	1 837.12	22
甘肃	920.20	40.71	0.96	0.04	1 338.96	59.24	2 260.12	19
青海	82.43	6.94	0.00	0.00	1 105.72	93.06	1 188.15	26
宁夏	259.41	44.55	15.49	2.66	307.42	52.79	582.32	28
新疆	1 575.69	48.42	18.17	0.56	1 660.37	51.02	3 254.23	15

结合各地区农业碳排放的具体构成，按照其源头差异，可将31个省（区、市）划分为五类：（1）农用物资主导型地区，即农用物资投入所引发的碳排放占其农业碳排放总量50%以上的地区。代表地区包括天津、河北、陕西、山东、河南、陕西5省1市，集中分布于华北平原和黄土高原地区，以旱作农业为主，水稻种植面积较少，农业碳排放主要源于农用物资投入和牲畜养殖且农用物资所引发的碳排放占有主导地位。（2）稻田主导型地区，即稻田所引发的碳排放占其农业碳排放总量的50%以上，以江苏、江西、湖南3省为代表，三地粮食作物均以水稻种植为主，稻田引发的甲烷排放不容小觑。（3）畜禽主导型地区，即畜禽养殖所引发的碳排放占其农业碳排放总量的50%以上，包括北京、内蒙古、辽宁、四川、贵州、云南、西藏、甘肃、青海、宁夏和新疆6省1市4区，除京、辽二地之外，均分布于我国西部，这些地区或畜牧业占有重要地位，或役畜牧仍在农业生产中发挥重要作用，导致其所引发的碳排放量居高不下。（4）双因素主导型地区，即农业碳排放主要源自两个方面（35%）且二者所占比重较为接近的地区，包括吉林、黑龙江、上海、浙江、安徽和福建5省1市，主要分布于我国东北和东部沿海地区，其中，黑、吉二省农业碳排放主要源自农用物资投入与畜禽养殖；而余下四地则主要源自农用物资投入与稻田。（5）均衡型地区，即三大源头分别导致的碳排放量所占农业碳排放总量的比重较为接近的地区。包括湖北、广东、广西、海南和重庆3省1市1区，主要分布在我国华中、华南地区，上述地区农业产业结构较为均衡，种植业、畜牧业齐头并进，旱作作物（以经济作物为主）与水稻种植相辅相成。

2.4

我国农产品贸易与农业碳排放关系浅析

农业作为主要碳源之一，与以二氧化碳为主的温室气体排放具有密切关系。随着我国在国际农产品市场上地位日益提升，对国际农产品市场依赖程度的增强，农产品国际贸易会促使我国农产品对外贸易结构的调整，进而影响农业生产结构的调整及农业生产要素及资源的优化配置，最终影响我国农业生产温室气体的排放。在我国农产品贸易规模不断扩大的同时，我国畜禽、蔬菜等主要出口农产品中所包含的"隐含碳"却并未得到重视，贸易接受方也并未履行其为得到该产品而必须承担的经济成本和义务等，这一状况应该得到遏制与改善。

　　由图2-11和图2-12可知，我国农产品进出口贸易和农业碳排放总量均呈现出增长态势，农产品进出口贸易整体增长趋势更为明显，农用物资所引致的碳排放量持续上升，畜禽养殖所引致的农业碳排放量波动上升，而稻田引致的农业碳排放量相对稳定。随着我国与世界各国经济联系的日益密切，农产品交易规模的扩大，肉类、蔬菜和水果、豆类和烟草等主要农产品出口量迅速增加。我国逐渐形成以肉类、水果和蔬菜为主的农产品出口格局，水果和蔬菜种植过程中需要投入大量的农用物质资料（如化肥、农药、塑料薄膜等），畜禽养殖同样与环境污染和气候变暖密切相关，不仅在生产过程中产生大量废水、废气和粪便等污染物，加重环境污染，还会造成大气中二氧化碳、甲烷等温室气体的增加。蔬菜作为一种复种指数较高的农产品，其单位面积所需要的化肥等投入量远远高于粮食作物①，必然会导致我国农业碳排放量的快速增加。

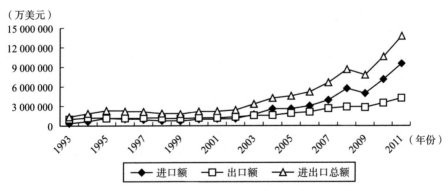

图 2 - 11　1993～2011 年中国农产品进出口贸易额

---

　　① 张锋. 中国化肥投入的面源污染问题研究——基于农户施用行为的视角［D］. 南京农业大学，2011.

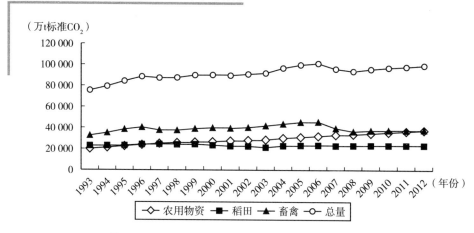

图 2 - 12　1993～2012 年中国农业碳排放量变化趋势

目前，我国农业生产活动中大规模化肥、农药和农膜的使用产生大量的农业碳排放。以化肥为例，我国单位耕地面积化肥用量为 434.3kg/hm²，远远高于其安全使用上限，且其平均利用率仅为 40% 左右[①]。这与我国农用物资所引致的碳排放量由 1993 年的 20 046.97 万 t 标准 CO_2 增至 2012 年的 37 707.93 万 t 标准 CO_2，一直保持增加态势的现实相一致。面对日益增长的肉类需求，我国畜禽养殖规模的不断扩大，其引致的环境污染和碳排放已经不能不给予关注。不过从表 2 - 2 和表 2 - 6 便知，18 年间我国肉类出口增加 228 153.7 万美元，年均增长 20.69%，但畜禽引致的农业碳排放量 18 年内仅增长 17.07%，年均增长仅为 0.88%。这说明随着人民对先进养殖技术的掌握，环境意识的提高，对无公害食品、绿色食品和有机食品需求不断增多，由畜禽养殖所导致的农业碳排放增幅并不大。与此同时，虽然不同时期我国稻米进出口量会出现不同程度的波动，但由于其作为主要粮食作物，又是重要口粮之一，在保证其基本耕作面积，而单位产量提升空间较小的情况下，其生产性投入基本维持不变，稻田生长所引致的农业碳排放量一直较为稳定，由 1993 年的 22 899.32 万 t 标准 CO_2 增至 2012 年的 23 498.83 万 t 标准 CO_2，并未出现较大波动。

① 詹晶. "碳关税"对我国农产品出口的影响 [J]. 经济纵横，2011（4）：34 - 37.

2.5

本章小结

本章基于 FAO 数据库和相关年鉴，对 1993 年以来我国农产品进出口贸易总额及主要大类农产品、主要粮食作物和经济作物的进出口状况阶段特征及演变轨迹进行归纳和分析，同时甄选碳排放三大因子并编制农业碳排放测算体系，对我国及 31 个省（区、市）农业碳排放量进行测算，并从总量和构成两方面对其时序演变规律和空间分布特征进行探析；在此基础上，进一步对我国农产品贸易与农业碳排放关系进行浅析。主要研究结论如下：

（1）据 FAO 相关数据显示，2011 年我国农产品进出口贸易总额达 13 737 078 万美元，较 1978 年增加了 24.19 倍；其中，农产品进口额和出口额分别占农产品进出口总额的 69.20% 和 30.80%。分阶段看，农产品进出口贸易总额呈现明显的"缓慢发展—稳定发展—徘徊发展—快速发展"的四阶段变化特征，而依据创汇能力的强弱，还可划分为"贸易逆差—贸易顺差—贸易逆差"三阶段。具体到主要农产品，除谷物出口额大幅度下降外，其他大类农产品进出口额均呈现明显的增长态势，以水果和蔬菜进口额增长最为迅猛；粮食作物和经济作物中，除小麦和油菜籽进口额分别呈现出波动下降和持续上升趋势外，其他作物进出口贸易均呈现出波动上升态势。

（2）2012 年我国农业碳排放总量为 99 353.06 万 t 标准 CO_2，较 1993 年增加了 31.54%，年均递增 1.45%；其中农用物资、稻田和畜禽所引致的碳排放量分别占农业碳排放总量的 37.95%、23.65% 和 38.39%。分阶段来看，农业碳排放总量呈现出明显的"波动增长—平稳—持续上升—持续下降—持续上升"五阶段变化特征；具体到三大排放源头，由于受不同因素影响，三者的演化轨迹呈现出明显的差异性，即农用物资碳排放量处于持续增长态势，稻田碳排放量呈现出"上升—下降—上升"的三阶段变化特征，而畜禽养殖碳排放量则呈现出"波动上升—下降—缓慢上升"的三阶段变化轨迹。

（3）2012 年各地区间农业碳排放量差异显著，排名前 10 位的地区占全国农业碳排放量总量的 56.74%，而后 10 位地区仅占 9.70%；粮食主产区是我国农业碳排放的主要来源地，以东、中部地区为主，而农业碳排放较低地区主要包括四大直辖市及部分中西部省份。基于农业碳排放具体构成源头的差异，可将 31 个省（区、市）划分为农用物资主导型、稻田主导型、畜禽主导型、双因素主导型和均衡型 5 类地区，畜禽主导型地区最多，其次为农用物资主导型和双因素主导型；其中，畜禽主导型地区主要分布在西部地区，约占 11 个省（区、市），而农用物资主导型和双因素主导型地区分别集中分布于华北平原和黄土高原、东北和东部沿海地区。

（4）我国农产品进出口贸易与农业碳排放总量关系密切，两者均呈现出明显的上升态势，但相比之下，农产品进出口贸易的增长态势更为明显。从具体构成来看，在我国逐渐形成以肉类、水果和蔬菜为主的农产品出口格局的背景下，肉类、水果和蔬菜进出口贸易额增长迅猛，年均分别递增 5.95%、11.43% 和 13.96%，以水果和蔬菜增速最快；与此同时，我国农业碳排放总量不断攀升，三大主要源头碳排放量变化趋势差异明显，其中农用物资引致的碳排放量保持持续上升态势，畜禽养殖碳排放量波动中有所上升，唯有稻田碳排放量无明显变化，较为稳定，这与我国"以肉类、水果和蔬菜为主"的农产品进出口贸易格局表现出明显的一致性，两者遥相呼应。

第 *3* 章

中国农产品贸易与农业碳
排放互动关系的实证分析

第 2 章一方面简要回顾了我国农产品贸易发展历程，将其大致分为了缓慢发展、稳定发展、徘徊发展与快速发展四个阶段，并探究了各个阶段的演化特征。另一方面，科学编制了农业碳排放测算指标体系，对我国农业碳排放进行估算并分析了其时空特征。在此基础上，简要探讨了二者关系。而本章将基于动态时间序列理论及相关的建模方法，实证分析我国农产品进出口贸易与农业碳排放之间的互动关系，以深化我们对二者关系的理解。具体而言，本章分为三节：3.1 节为研究方法及变量选取，主要对本章采用的计量方法进行简要阐述，并确定分析变量，明确数据来源；3.2 节为实证检验与结果分析，分别探讨了我国农产品进口与农业碳排放、农产品出口与农业碳排放间的互动关系；3.3 节是对本章内容进行小结。

3.1
研究方法及变量选取

3.1.1 研究方法

基于动态时间序列理论及建模方法（于俊年，2009；易丹辉，2011），研究将分别实证分析并探讨我国农产品进口与农业碳排放、农产品出口与农业碳排放之间的互动关系，主要包括以下计量分析步骤：（1）利用 ADF（Augmented Dickey – Fuller）检验方法分别对农产品进口、农产品出口与农业碳排放总量三个序列进行单位根平稳检验，以确定其是否为同阶单整序列；（2）若上述序列均属于同阶单整，再利用 E – G（Engle – Granger）两步法方对变量进行协整检验，以确定我国农产品进、出口与农业碳排放是否存在长期均衡关系；（3）在协整分析基础上建立 ECM，考察变量之间的短期动态关系；（4）利用 Granger 因果检验考察变量之间的因果关系，构造建立 VAR 模型的前提条件；（5）若变量之间存在因果关系，即可建立 VAR 模型，进而分析其脉冲响应函数，并进行方差分解，考察来自变量一个标准差的冲击对 VAR 系统内生变量的冲击及内生变量预测标准误差的来源。

3.1.2 变量选取

目前，农业已然成为主要碳源之一。从农业产业链角度分析，农业生产环节中化肥、农药、塑料薄膜等物品的投入及机械能源的消耗；农产品加工、运输环节中化石能源的消耗；农产品消费环节中化学能源的使用及废弃物的处理均与耗用能源、排放温室气体有关。因此，以低能耗、低污染、低排放、高效能、高效率、高效益为基础的低碳农业得到了世界各国的普遍认同，但是目前我国农业生产仍具备高污染、高排放以及低效率的特征。此外，基于我国农业生产及农产品贸易现状以及当前我国碳交易及碳税的相关机制，农产品贸易中的隐含碳问题仍较为严重。鉴于此，文章将分别考察我国农产品进口与农业碳排放、农产品出口与农业碳排放的互动关系，以加深我们对农产品贸易与农业碳排放二者关系的理解。具体变量的设置及含义如下：

（1）农产品进口（AI）：借助于进口的定义，农产品进口可理解为向非居民购买农业生产或消费所需的原料或产品。依据经济学供需及效用理论可知，农产品进口多是由于本国缺乏某种农产品或不具有生产该种农产品的比较竞争优势，故农产品进口的目的多是为了获得更低的生产投入或者是谋求本国稀缺产品的利润。

（2）农产品出口（AE）：农产品出口是指将农产品以海运、陆路运输或空运的方式，运输出境，送至世界各地。类似于农产品进口，农产品出口的动机也是为了实现资源优化配置以及相关主体利润最大化。

（3）农业碳排放（ACO_2）：基于前面对农业碳排放的分析，农业碳排放是指大农业视角下的农业碳排放，涉及农用物资利用、稻田以及畜禽养殖三大源头所引发的温室气体排放。

3.1.3 数据处理

基于对各个变量内涵的界定，在充分考虑数据的可获性以及可操作性的前提下，尽可能避免农产品进出口细类量纲不同所引起的误差等，本书以农产品进、出口值来量化我国农产品进出口贸易情况。此外，针对农业碳排放方面，由于前面已经计算出农用物资、稻田以及畜禽三大碳排放源的碳排放量，在此不再赘述，直接利用三大碳源总量代表我国农业碳排放总量，具体的量化指标及样本原始数据见表 3 - 1。为了消除数据的异方差性和波动性，在进行实证之前，对上述变量的原始数据进行对数化处理，分别记为：

$$LAI = \ln(AI)，\quad LAE = \ln(AE) \text{ 和 } LACO_2 = \ln(ACO_2)。$$

表 3 - 1　　　　　　　　我国农产品贸易与农业碳排放情况

年份	农产品进口额（万美元）	农产品出口额（万美元）	农业碳排放总量（万 t 标准 CO_2）	年份	农产品进口额（万美元）	农产品出口额（万美元）	农业碳排放总量（万 t 标准 CO_2）
1993	357 280.2	995 653.0	75 529.1	2003	1 741 918.1	1 595 160.6	91 845.3
1994	659 226.1	1 205 246.0	79 363.7	2004	2 610 239.1	1 633 913.5	96 734.8
1995	1 161 380.7	1 148 032.3	84 337.8	2005	2 624 451.2	1 947 222.6	99 747.9
1996	1 028 414.5	1 153 036.9	88 582.8	2006	3 054 018.2	2 134 709.1	101 154.4
1997	917 585.0	1 213 064.4	87 374.1	2007	3 937 952.1	2 679 199.7	96 009.3
1998	756 726.7	1 119 838.2	87 613.3	2008	5 707 911.8	2 914 717.8	93 859.8
1999	709 546.2	1 075 065.1	89 907.8	2009	4 958 988.6	2 821 189.7	95 827.9
2000	991 205.4	1 211 175.2	90 115.3	2010	7 095 255.3	3 489 298.8	97 257.6
2001	1 044 134.2	1 195 421.1	89 570.5	2011	9 506 624.6	4 230 453.4	98 115.2
2002	1 069 981.9	1 356 906.5	90 839.1				

注：表 3 - 1 中农产品进口值及出口值来自联合国粮农组织统计数据库（FAOSTAT），农业碳排放总量由笔者计算所得。

3.2

实证检验与结果分析

基于整个研究的布局，为了达到最终研究目的，本书接下来将分别从我国农产品进口及出口两方面展开，进一步深化农产品贸易与农业碳排放的互动关系。

3.2.1 我国农产品进口与农业碳排放关系

1. 平稳性检验

在检验我国农产品进口与农业碳排放关系之前，为了避免伪回归以及确保模型结果的有效性，首先应运用 ADF 单位根检验方法对两个序列的平稳性进行检验，具体结果见表 3 - 2。原始序列 LAI 及 $LACO_2$ 的 ADF 统计量均大于 10% 置信水平上的临界值 - 3.2869 和 - 3.3103，表明原始序列不能拒绝原假设，即原始序列 LAI 及 $LACO_2$ 均为非平稳序列。而原始序列的一阶差分序列 ΔLAI 和 $\Delta LACO_2$ 的 ADF 统计值均小于 1% 的置信水平上的临界值 - 2.7081 和 - 2.7283，拒绝原假设。故 LAI ~ I(1) 和 $LACO_2$ ~ I(1)，即原始序列均为一阶单整序列。

表 3 - 2 　　　　　　　　　变量单位根检验结果

变量	检验类型 (C, T, K)	ADF 统计量	临界值			P 值	检验结果
			1% 显著水平	5% 显著水平	10% 显著水平		
LAI	(C, T, 0)	- 1.7314	- 4.5716	- 3.6908	- 3.2869	0.6945	不平稳
ΔLAI	(N, N, 0)	- 2.9267	- 2.7081	- 1.9628	- 1.6061	0.0061	平稳
$LACO_2$	(C, T, 2)	- 2.1172	- 4.6679	- 3.7332	- 3.3103	0.4987	不平稳
$\Delta LACO_2$	(N, N, 2)	- 3.1302	- 2.7283	- 1.9662	- 1.6050	0.0041	平稳

注：（1）检验类型（C，T，K）中的 C 表示截距项，T 表示趋势项，K 表示滞后阶段，由自相关函数并结合 AIC 和 SC 最小准则确定；（2）N 表示不含有截距项或趋势项；（3）Δ 表示差分算子。

2. 协整检验

由前面平稳性检验结果可知，原始序列 LAI 与 $LACO_2$ 均属于一阶单整序列，故可检验两个变量间的协整关系，以考察其是否存在长期均衡关系。本节首先以 $LACO_2$ 为因变量，以 LAI 为自变量，构建协整方程：

$$LACO_{2(t)} = 10.4471 + 0.0676LAI_t + \varepsilon_t \qquad (3.1)$$

$$\text{T 值} \quad (63.6958) \quad (5.9352)$$

$$R^2 = 0.6745 \qquad \overline{R^2} = 0.6553 \qquad F = 35.2265 \qquad D.W. = 0.4730$$

从方程的回归结果看，模型（3.1）的拟合度较好，自变量均通过了1% 置信水平下的显著性检验，但是 D.W. 值较小，故怀疑模型可能存在自相关性。故利用 LM 检验回归方程中的残差序列，以判断其自相关性，具体结果如表3－3。

表3－3　　　　　　残差序列自相关的 LM 检验结果（模型3.1）

F 统计量	7.1990	概率	0.0064
Obs * R - squared	9.3055	Prob. Chi - Square（2）	0.0095

LM 检验结果显示，Obs * R - squared 统计量为9.3055，其伴随概率值为0.0095，小于临界水平 $a = 0.1$，表明模型（3.1）的残差序列存在自相关性。考虑加入适当的滞后项，以消除模型的自相关性，经过多次模拟调整，最终模型如下：

$$LACO_{2(t)} = 3.7632 + 0.0138LAI_t + 0.6542LACO_{2(t)}(-1) + \varepsilon_t \qquad (3.2)$$

$$\text{T 值} \quad (3.2594) \quad (1.4217) \quad (5.9433)$$

$$R^2 = 0.8853 \qquad \overline{R^2} = 0.8700 \qquad F = 57.8964 \qquad D.W. = 1.4877$$

相较于模型（3.1），模型（3.2）总体拟合度显著提高，模型的 F 值和D.W. 值也明显增大；从 T 值看，变量 LAI 通过置信水平为10% 的检验，其余变量均通过1% 置信水平的检验。LM 检验结果中 Obs * R - squared 统计量等于3.8971，其伴随概率值为0.1425，大于临界水平 $a = 0.1$，表示模型（3.2）的残差序列不存在自相关性，具体见表3－4。

表 3 - 4   残差序列自相关的 LM 检验结果（模型 3.2）

F 统计量	1.7962	概率	0.2048
Obs * R – squared	3.8970	Prob. Chi – Square（2）	0.1425

利用模型（3.2），可以运用计量模型刻画 $LACO_2$ 与 LAI 的长期关系，首先假定：

$$LACO_{2(t)} = \beta_1 LAI_t + \varepsilon_t \tag{3.3}$$

则 $\beta_1 = \dfrac{0.0138}{(1 - 0.6542)} \approx 0.1086$，因此，$LACO_2$ 与 LAI 的长期关系为：

$$LACO_{2(t)} = 0.1086 LAI_t + \varepsilon_t \tag{3.4}$$

简而言之，我国农产品进口对农业碳排放总量的长期弹性约为0.1086，二者存在正向的影响关系，即当农产品进口增加 1% 时，农业碳排放将增加 0.1086%。

对模型（3.2）的残差项同样进行利用 ADF 单位根检验方法进行平稳性检验，检验结果见表 3 - 5。根据表中 ADF 单位根检验结果可知，残差序列的 ADF 统计量小于 1% 临界值，故在 1% 的置信水平下拒绝原假设，残差 ε 为平稳序列，故认为 $LACO_2$ 与 LAI 存在协整关系。

表 3 - 5   残差序列的 ADF 检验结果

变量	检验类型 (C, T, K)	ADF 统计量	临界值			P 值	检验结果
			1% 显著水平	5% 显著水平	10% 显著水平		
ε	(N, N, 1)	- 3.5711	- 2.7175	- 1.9644	- 1.6056	0.0014	平稳

注：（1）检验类型（C，T，K）中的 C 表示截距项，T 表示趋势项，K 表示滞后阶段，由自相关函数并结合 AIC 和 SC 最小准则确定；（2）N 表示不含有截距项或趋势项。

3. 误差修正模型

前面验证了我国农产品进口与农业碳排放存在协整关系，即长期均衡关系。但在现实经济中，实际的观测值多是属于短期或非均衡关系，故我们可以通过构建 ECM 模型来考察变量是否偏离长期均衡以及其偏离程度。

由于该部分研究只包含农产品进口与农业碳排放两个变量，故采用 E – G 两部分进行建模，第一步，基于上文的协整模型（3.2），定义误差修正项：

$$E = LACO_{2(t)} - 3.7632 - 0.0138LAI_t - 0.6542LACO_{2(t)}(-1) \quad (3.5)$$

第二步，构建 ECM 模型，经过多次模拟调整，最终的 ECM 模型为：

$$\Delta LACO_{2(t)} = 0.0386\Delta LAI_t(-1) + 0.2374\Delta LACO_{2(t)}(-1) - 0.6117E(-2)$$

T 值　　　　（2.1173）　　　　　（1.4090）　　　　　（-2.6896）

$R^2 = 0.4894$　　　$\overline{R}^2 = 0.4108$　　　$F = 41.6971$　　　D. W. $= 2.4201$

$$(3.6)$$

结合 ECM 模型结果，从 T 值看，模型中各个变量均较为显著，其中 $\Delta LAI_t(-1)$ 通过 5% 置信水平的检验，$\Delta LAI_t(-1)$ 通过 10% 置信水平的检验，$E(-2)$ 则通过 1% 置信水平的检验。LM 检验结果显示 Obs * R – squared 统计量为 1.8433，其伴随概率为 0.3979，大于临界水平 a = 0.1，表明不存在自相关性，模型总体拟合效果较好。

由 ECM 模型（3.6）的回归结果可知，LAI 与 $LACO_2$ 存在短期动态关系。残差 E 的系数为负，表明存在反向修正机制，即当 LAI 与 $LACO_2$ 的短期动态关系偏离长期均衡时，将会以 61.17% 的幅度调整至均衡状态。此外，结合 LAI 与 $LACO_2$ 的弹性系数可知，短期内我国农业碳排放量的增长仍会受到其他两方面的影响，一部分是来自我国农产品进口变动的影响，即当农产品进口值增加 1%，农业碳排放总量将增加 0.0386%；另一部分是来自上期农业碳排放总量的影响，即当上期农业碳排放增加 1% 时，当期农业碳排放将增加 0.2374%。

值得注意的是，当我们试图考察以我国农业碳排放 $LACO_2$ 为自变量，农产品进口 LAI 为因变量，探究农业碳排放总量对农产品进口的影响时，模型构建较为困难，会出现自变量的系数或符号不合理，变量不显著等各方面原因，通过多次模拟或调整亦不能构建较为有效的模型。上述结论一方面验证了本节以 $LACO_2$ 为因变量，以 LAI 为自变量构建模型的合理性，同时也揭示了我国在农产品进口方面，对于进口农产品的隐含碳问题并没有给予足够的重视，该结论也恰好与农产品进口 LAI 对农业碳排放 $LACO_2$ 具有正向产出弹性相吻合，亦在一定程度上解释了随着农产品进口值增加，农业碳排放总量随之增加的原因。

4. Granger 因果关系检验

为了进一步判定序列 LAI 与 LACO$_2$ 之间是否存在因果关系，本研究拟采用 Granger 方法检验变量间的因果关系。由于 Granger 因果关系检验必须以变量具有协整关系为前提，由于前文已经验证了 LAI 与 LACO$_2$ 之间存在协整关系，故可直接检验其因果关系，具体结果见表 3 – 6。表中第 1 行为因果检验原假设，表中第 1 和第 4 列为滞后阶，其确定方法与前文一致；表中其余列为 F 统计量和原假设成立时的概率值。由 F 值和 P 值可知，当 1 阶滞后时，Granger 检验结果在 10% 的置信水平上显著，表明拒绝原假设"LAI 不是 LACO$_2$ 的 Granger 原因"以及"LACO$_2$ 不是 LAI 的 Granger 原因"，故可大致认为 LAI 与 LACO$_2$ 之间具有双向 Granger 因果关系，即我国农产品进口在一定程度上影响了农业碳排放总量，反之，农业碳排放总量也对农产品进口有一定的影响。

表 3 – 6   Granger 因果关系检验结果

LAI 不是 LACO$_2$ 的 Granger 原因			LACO$_2$ 不是 LAI 的 Granger 原因		
原假设滞后阶	F 统计量	P 值	原假设滞后阶	F 统计量	P 值
1	2. 1768	0. 0608	1	0. 5049	0. 0883

5. VAR 模型及脉冲响应函数

VAR 模型实质上是向量自回归移动平均（VARMA）模型的简化形式，多用于时间序列的预测模拟及描述随机扰动项的动态影响（易丹辉，2011）。VAR 模型要求序列是平稳的，且变量间具有因果关系，由于前文已验证了 LAI 与 LACO$_2$ 均属于一阶单整序列，且二者具有 Granger 因果关系，故可直接构建 VAR 模型。在构建模型之前，可依据 0 ~ 4 阶 VAR 模型的似然比 LR、最终预测误差 FPE、AIC、SC 和 HQ 值，确定模型最优滞后阶数，本研究中最优滞后阶数为 1。将参数估计结果写成矩阵形式：

$$\begin{bmatrix} LACO_{2(t)} \\ LAI_t \end{bmatrix} = \begin{bmatrix} 0.62 & 0.02 \\ -1.08 & 1.05 \end{bmatrix} \begin{bmatrix} LACO_{2(t-1)} \\ LAI_{t-1} \end{bmatrix} + \begin{bmatrix} 4.13 \\ 11.81 \end{bmatrix} \quad (3.7)$$

构建 VAR 模型（3.7）的目的是为了考察系统中每一个内生变量的变动对其自身以及其他内生变量产生的影响作用，此时我们就需要利用脉冲响应函数 IRF（Impulse Response Function）来刻画内生变量间动态影响的轨迹，具体如图 3 - 1 所示。图中实线表示在预期范围内，LA-CO_2（LAI）对于其自身以及 LAI（LACO_2）的一个标准新息的脉冲响应，虚线分别表示在相应脉冲响应图像上侧增加或者在其下侧减少两倍标准差的置信带。

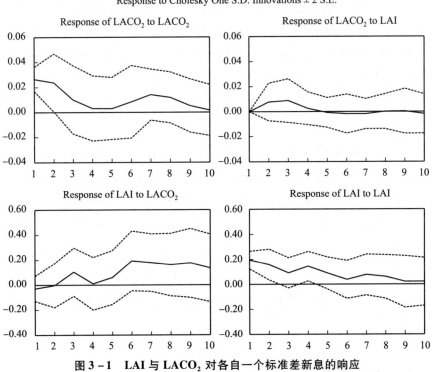

图 3 - 1　LAI 与 LACO$_2$ 对各自一个标准差新息的响应

由图 3 - 1 分析可知，我国农业碳排放与农产品进口对其自身的一个标准差新息的响应轨迹大致相似，均呈波动下降趋势，不同的是 LAI 对其自身标准差新息响应轨迹的波动性更为突显。具体而言，LACO_2 对其自身的一个标准新息立刻具有较强的反应，农业碳排放总量约增加了 0.027，前 4 期响应持续降低，第 5 期跌至谷底，从第 6 期开始缓慢上升，第 7 期虽达到第二个峰值，但仅为 0.0141，后续响应又持续降低，如此反复。LAI 对其自身的一个标准新息立刻具有更强的反应，农产品进口值约增加了 0.1944，在 10 个追踪期内出现 3 个波谷，自第 9 期之后呈平稳趋势。

我国农业碳排放的一个标准差对农产品进口的冲击波动性较大，时呈正向影响，时为负向影响。具体而言，在第 1 期冲击为 0，前 3 期持续上升，并于第 3 期达到峰值 0.0088，第 4 期开始持续降低，第 5~7 期影响为负向，且于第 6 期跌至谷底，仅为 -0.0018，第 8 期开始回升，影响为正向，第 10 期影响又呈现出负向。不同于此，我国农产品进口一个标准差新息对农业碳排放总量的影响虽亦呈波动状，但总体影响呈上升趋势。第 1 期影响为负向，亦是整个追踪期的最低值，仅为 -0.0290，影响到第 2 期比较明显，上升速度较快，至第 3 期达 0.1041，第 3 期开始骤降至第 4 期的 0.0105，之后缓慢上升至第 6 期的 0.1928，达到第 2 个峰值，自此影响较为稳定。

从 IRF 分析结果可知，对于 $LACO_2$ 的一个标准差新息，LAI 反应虽具有一定的波动，但整体波动性较小，均围绕原始水平略微波动。相反，对于 LAI 的一个标准差新息，$LACO_2$ 反应较为强烈，且正向影响居多。结合前面的回归方程，IRF 分析结果再次验证了我国农产品进口变化对我国农业碳排放总量具有较大的影响，而农业碳排放总量的变动对我国农产品进口影响微弱。该结论在一定程度上揭示了在进口农产品时，我们可能更关注的是农产品的使用价值和经济价值，而忽略了其可能带来的隐含碳问题。

6. 方差分解分析

基于上述 VAR 模型的实证结果，可以通过方差分解的方法探究该模型的动态变化趋势及特征。具体方法是，通过方差分解的形式，把模型中的每个内生变量的波动趋势拆解为成因不同的若干组成部分，而这些部分与各方程新息相关联，从而判定各新息对于各变量的不同贡献度或重要程度（田云等，2012），方差分解结果见表 3-7。

表 3 - 7　　　　　　　农产品进口与农业碳排放方差分解结果

时期	$LACO_2$ 的方差分解			LAI 的方差分解		
	S. E.	$LACO_2$	LAI	S. E.	$LACO_2$	LAI
1	0.0225	100.0000	0.0000	0.2699	0.3931	99.6069
2	0.0270	97.2445	2.7555	0.3904	0.2159	99.7841
3	0.0293	91.1862	8.8138	0.4870	0.3455	99.6545
4	0.0312	83.0568	16.9432	0.5708	0.5764	99.4236
5	0.0331	74.3751	25.6249	0.6458	0.8234	99.1767
6	0.0351	66.2118	33.7882	0.7143	1.0533	98.9467
7	0.0372	59.0501	40.9499	0.7776	1.2559	98.7441
8	0.0393	52.9770	47.0231	0.8365	1.4301	98.5699
9	0.0414	47.8938	52.1062	0.8919	1.5784	98.4216
10	0.0434	43.6449	56.3551	0.9442	1.7043	98.2957

表 3 - 7 中第 1 栏为预测期，文中预测期为 10 期；第 2 栏为 $LACO_2$ 的方差分解，共包括 S. E.、$LACO_2$ 和 LAI 三项，其中 S. E. 列数据为变量 $LACO_2$ 的各期预测标准误，$LACO_2$ 和 LAI 中的数据，分别代表以 $LACO_2$ 和 LAI 为因变量的方程新息对各期预测误差的贡献度，且每行两者之和为 100；类似，第 3 栏为 LAI 的方差分解项，包括 LAI 各期预测标准误项 S. E. 以及以 $LACO_2$ 和 LAI 为因变量的方程新息对各期预测误差的贡献度项（$LACO_2$ 和 LAI 数据）。

由方差分析结果表 3 - 7 可知，我国农业碳排放总量受其自身的影响较大，但综合 10 期来看，农业碳排放总量受其自身的影响逐渐减弱，期均降约幅达 8.80%。与此相反，我国农产品进口对农业碳排放总量预测标准差的贡献度却越来越大，自第 2 期开始，期均增幅约达 45.83%。综合来看，自第 9 期开始，我国农业碳排放总量对其自身的预测误差的贡献度开始小于来自农产品进口对其预测误差的贡献度，最终农产品进口对我国农业碳排放预测误差的贡献度超过 50%，达 56.36%。

从我国农产品进口这一变量的方差分解结果来看，该变量对其自身预测误差的贡献度高达98.30%，农业碳排放总量对其预测误差的贡献度仅为1.70%。具体而言，农业碳排放总量对农业进口预测差的贡献度由第1期的0.39%降至第2期的0.22%，自第2期开始，以期均29.47%增速增至1.70%。与此相反，农产品进口对其自身预测误差的贡献度由第1期的99.61%，以0.18%的微弱增长速度增至第2期的99.78%；但是自第2期开始，农产品进口对其自身预测误差的贡献度以期均0.19%的速度降至第10期的98.30%。总之，农产品进口与农业碳排放方差分解结果与前面脉冲响应函数的结论基本一致。

3.2.2 我国农产品出口与农业碳排放关系

本章前一部分利用计量方法深入地剖析了我国农产品进口与农业碳排放的长期均衡与短期动态关系，并对其系统的动态特征进行了描述。接下来，本节将以我国农产品出口为主要研究视角，进一步考察我国农产品出口情况与农业碳排放的关系，从而丰富我国农产品贸易与农业碳排放的关系。由于前面已经介绍了相关理论及研究方法，故不再赘述，将直接利用相关计量方法进行实证分析。

1. 平稳性检验

由于前面已经对农业碳排放（$LACO_2$）进行了ADF检验，并得出 $LACO_2 \sim I(1)$，即 $LACO_2$ 为一阶单整序列，故该部分直接引用结果，不再具体描述利用 $LACO_2$ 序列的平稳性检验过程。利用ADF对我国农产品出口（LAE）序列进行平稳性检验，具体结果见表3-8。由变量ADF检验结果可知，原始序列 LAE 的 ADF 统计量均大于10%置信水平上的临界值 -3.2869，说明原始序列 LAE 不能拒绝原假设，即原始序列 LAE 存在单位根，检验结果为非平稳序列。原始序列的一阶差分序列 ΔLAE 的 ADF 统计值小于1%置信水平上的临界值 -4.6162，故拒绝原假设，表明该一阶差分序列 ΔLAE 在1%的置信水平下是平稳的。故 $LAE \sim I(1)$ 和 $LACO_2 \sim I(1)$，即原始序列均为一阶单整序列。

表 3 - 8 变量单位根检验结果

变量	检验类型 (C, T, K)	ADF 统计量	临界值			P 值	检验结果
			1% 显著水平	5% 显著水平	10% 显著水平		
LAE	(C, T, 0)	- 0.7200	- 4.5716	- 3.6908	- 3.2869	0.9550	不平稳
ΔLAE	(C, T, 0)	- 5.6211	- 4.6162	- 3.7105	- 3.2978	0.0017	平稳
$LACO_2$	(C, T, 2)	- 2.1172	- 4.6679	- 3.7332	- 3.3103	0.4987	不平稳
$ΔLACO_2$	(N, N, 2)	- 3.1302	- 2.7283	- 1.9662	- 1.6050	0.0041	平稳

注：（1）检验类型（C, T, K）中的 C 表示截距项，T 表示趋势项，K 表示滞后阶段，由自相关函数并结合 AIC 和 SC 最小准则确定；（2）N 表示不含有截距项或趋势项；（3）Δ 表示差分算子。

2. 协整检验

由上述 ADF 检验结果可知，LAE 和 $LACO_2$ 均属于一阶单整序列，已具备协整检验的前提，故可直接进行协整检验，以考察我国农产品出口与农业碳排放总量两个序列之间是否具有长期均衡关系。下面首先以 LAE 为自变量，$LACO_2$ 为因变量，构建二者的协整方程：

$$LACO_{2(t)} = 9.6660 + 0.1224 LAE_t + \varepsilon_t \qquad (3.8)$$
$$\text{T 值}\quad (24.1400)\quad(4.3794)$$
$$R^2 = 0.5301 \qquad \overline{R^2} = 0.5025 \qquad F = 19.1789 \qquad D.W. = 0.4147$$

从协整方程（3.8）的回归结果看，方程中变量的 T 值均通过了置信水平为 1% 的检验，变量均较为显著，但是模型 D.W. 值较小，故怀疑模型可能存在自相关性。通过 LM 检验回归方程中的残差序列，可检验模型是否存在自相关性，具体结果如表 3 - 9。

表 3 - 9 残差序列自相关的 LM 检验结果（模型 3.8）

F 统计量	10.9201	概率	0.0045
Obs * R - squared	7.7073	Prob. Chi - Square（2）	0.0055

由表 3 - 9 可知，LM 检验结果中 Obs * R - squared 统计量为 7.7073，

其相应的概率值为 0.0055，小于检验水平 a = 0.1，表明模型（3.8）的残差序列存在自相关性。为了消除模型的自相关性，考虑引入适当滞后项，以经过多次模拟调整后，最终模型如下：

$$LACO_{2(t)} = 3.5427 + 0.0317LAE_t(-1) + 0.9920LACO_{2(t)}(-1)$$

T 值 　　　　　　　　　（2.7348）　　　　（1.4985）

$$-0.3411LACO_{2(t)}(-2) + \varepsilon_t$$

　　　　　　　　（4.0269）　　　　（-1.6461）

$R^2 = 0.8492$ 　　$\overline{R}^2 = 0.8144$ 　　$F = 24.4086$ 　　D. W. = 1.6702 　　（3.9）

相比于模型（3.9），加入滞后项的模型（3.9）的 R^2 和 $\overline{R}^2$ 的值均有了大幅度的提升，F 值和 D. W. 值也明显的增大，说明模型（3.9）整体拟合度较好。从自变量的 T 值看，变量显著性较好，具体而言，$LAE_t(-1)$ 和 $LACO_{2(t)}(-2)$ 在 10% 的置信水平下显著，$LACO_{2(t)}(-1)$ 和常数项则通过了 1% 的置信水平的检验。利用 LM 检验法检验模型是否存在自相关性，结果如表 3 - 10 所示。分析可知，LM 检验结果中 Obs * R - squared 统计量为 2.4069，其相应的概率值为 0.3002，大于检验水平 a = 0.1，因此模型（3.8）的残差序列不存在自相关性，整体拟合度较好。

表 3 - 10　　　　　残差序列自相关的 LM 检验结果（模型 3.9）

F 统计量	0.9071	概率	0.4319
Obs * R - squared	2.4069	Prob. Chi - Square（2）	0.3002

结合模型（3.9）的回归方程，利用计量方法，我们可以刻画 LAE 和 $LACO_2$ 的长期均衡关系，首先假定：

$$LACO_{2(t)} = \beta_2 LAE_t + \varepsilon_t \qquad (3.10)$$

则 $\beta_2 = \dfrac{0.0317}{(1 - 0.9920 + 0.3411)} \approx 0.0908$，因此，$LACO_2$ 与 LAI 的长期关系为：

$$LACO_{2(t)} = 0.0908LAE_t + \varepsilon_t \qquad (3.11)$$

由回归模型（3.11）可知，我国农产品出口对农业碳排放总量的长期弹性约为 0.0908，二者存在正向的影响关系，即当农产品出口增加 1%

时，农业碳排放将增加 0.0908%。

对协整方程（3.9）的残差序列 ε 同样利用 ADF 单位根方法检验其平稳性，结果见表 3-11。由 ADF 单位根检验结果可知，残差序列 ε 的 ADF 统计量为 -3.2838，小于 1% 置信水平上的临界值 -2.7175，即在 1% 的置信水平下拒绝原假设，残差 ε 为平稳序列，故认为 $LACO_2$ 与 LAE 存在协整关系，即我国农产品出口与农业碳排放总量存在长期均衡关系。

表 3-11　　　　　　　　　残差序列的 ADF 检验结果

变量	检验类型 (C, T, K)	ADF 统计量	临界值			P 值	检验结果
			1% 显著水平	5% 显著水平	10% 显著水平		
ε	(N, N, 0)	-3.2838	-2.7175	-1.9644	-1.6056	0.0028	平稳

注：（1）检验类型（C, T, K）中的 C 表示截距项，T 表示趋势项，K 表示滞后阶段，由自相关函数并结合 AIC 和 SC 最小准则确定；（2）N 表示不含有截距项或趋势项。

3. 误差修正模型

前文研究已验证了我国农产品出口与农业碳排放总量存在协整关系，即二者之间存在长期均衡关系，但在现实经济生活中，变量之间的关系多呈现出短期动态性，在某种程度上会出现偏离长期均衡的状态，为了更为贴切地刻画我国农产品出口情况与农业碳排放的关系，研究将通过构建 ECM 模型来考量二者是否偏离长期均衡状态。通常情况下，可以利用 Johansen 或 E-G 两步法构建 ECM 模型，但由于本书只包括 LAE 和 $LACO_2$ 两个变量，故选用 E-G 两步法来构建模型。首先，依据前面的协整模型（3.9），将误差修正项定义为：

$$E = LACO_{2(t)} - 3.5427 - 0.0317LAE_t(-1) - 0.9920LACO_{2(t)}(-1)$$
$$+ 0.3411LACO_{2(t)}(-2) \tag{3.12}$$

然后，基于上述定义构建 ECM 模型，经过多次调整及拟合，最终的 ECM 模型如下：

$$\Delta LACO_{2(t)} = -0.0965\Delta LAE_t + 0.1432\Delta LAE_t(-1) + 1.4274\Delta LACO_{2(t)}(-1)$$
$$\text{T 值} \qquad (-1.6570) \quad (2.2993) \qquad (4.2039)$$

$$-0.7908\Delta LACO_{2(t)}(-2)-0.9242E(-1)$$
$$(-3.2289)\qquad\qquad(-2.2547)$$

$$R^2=0.5701\qquad\overline{R^2}=0.4138\qquad LK=43.0741\qquad D.W.=2.3509$$

$$(3.13)$$

由 ECM 模型（3.13）的回归结果可知，从 T 值看，各变量均较为显著，其中 ΔLAE_t 的 T 值通过了 10% 置信水平的检验，$\Delta LAE_t(-1)$ 和 $E(-1)$ 则在 5% 的置信水平下显著，其余变量显著性更为突出，通过 1% 置信水平的检验。从 D.W. 值看，模型可能不存在自相关性，利用 LM 对方程残差序列的自相关性进行检验。LM 检验结果可知，$Obs*R-squared$ 统计量为 1.7784，其相应的概率值为 0.4110，大于检验水平 $a=0.1$，因此模型（3.12）的残差序列不存在自相关性，方程整体拟合度较好。

分析模型（3.12）的回归结果可知，我国农业碳排放与农产品出口存在短期动态关系，农业碳排放总量的变动主要受到两方面因素的影响：一方面是来自当期农产品出口及其滞后 1 期（上期农产品出口）的影响，从弹性系数看，当期农产品出口对我国农业碳排放存在负向作用，即当农产品出口值增加 1% 时，我国农业碳排放将减少 0.0965%；上期农产品出口对农业碳排放的影响为正向的，即上期农产品出口值增加 1%，农业碳排放总量将增加 0.1432%。另一方面，农业碳排放还受到其自身滞后期的影响，具体而言，农业碳排放滞后 1 期、2 期对当期农业碳排放的弹性分别为 1.4274、-0.7908。此外，从残差项 E 看，其弹性系数为负，说明系统存在反向修正机制，即当我国农业碳排放与农产品出口的短期动态关系偏离长期均衡状态时，将以 92.42% 的力度进行修正，调整至长期均衡状态。

此外，当研究尝试将因变量选取为我国农产品出口额、而自变量为农业碳排放构建模型时，回归模型会出现变量不显著，自相关等各种问题，多次拟合调整亦不能达到整体拟合度较好的模型。这一发现一方面验证了前文以农业碳排放为因变量，农产品出口为自变量构建模型存在合理性；另一方面也在一定程度上解释了我国农产品出口对农业碳排放的影响；同时，也反映出我国在农产品贸易方面，对农产品隐含碳问题，并未给予足够的重视，相关的法规机制还不尽完善，有一定的提升空间。

4. Granger 因果关系检验

接下来，研究将利用 Granger 因果检验方法对我国农产品出口与农业碳排放之间的因果关系进行考察。Granger 因果检验以变量具有协整关系为前提，LAE 和 $LACO_2$ 两个变量存在协整关系已在前文中得到验证，故可直接进行 Granger 检验，具体结果见表 3 – 12。表中第 1 行为原假设，即 "LAE 不是 $LACO_2$ 的 Granger 原因" 及 "$LACO_2$ 不是 LAE 的 Granger 原因"；第 1 列和第 4 列为原假设滞后阶，最优滞后阶为 3，确定方法和前文一致；其余列为 F 统计量的值及原假设成立时的概率值。结合因果检验结果可知，在 10% 的置信水平下拒绝原假设，故大致认为我国农产品出口与农业碳排放存在双向 Granger 因果关系，即我国农产品出口的增加可在一定程度上降低农业碳排放总量，同时我国农业碳排放总量的变动也在一定程度上影响了我国农产品出口情况。

表 3 – 12　　　　　　　　　Granger 因果关系检验结果

LAE 不是 $LACO_2$ 的 Granger 原因			$LACO_2$ 不是 LAE 的 Granger 原因		
原假设滞后阶	F 统计量	P 值	原假设滞后阶	F 统计量	P 值
3	1.6699	0.0421	3	2.9342	0.0918

5. VAR 模型及脉冲响应函数

为了进一步考量模型随机扰动项对整个系统的动态影响，在前文已验证我国农产品出口与农业碳排放均属于一阶单整平稳序列、存在协整及因果关系的前提下，可直接构建二者的 VAE 模型，依据相应准则（LR、FPE、AIC、SC 和 HQ 的值），确定最优滞后阶数为 1 阶。具体模型检验结果见表 3 – 13，模型 AIC 和 SC 值较小，模型整体拟合度较好，以矩阵形式的模型估计结果见模型（3.14）。

$$\begin{bmatrix} LACO_{2(t)} \\ LAE_t \end{bmatrix} = \begin{bmatrix} 0.70 & 0.33 \\ 0.02 & 1.04 \end{bmatrix} \begin{bmatrix} LACO_{2(t-1)} \\ LAE_{t-1} \end{bmatrix} + \begin{bmatrix} 3.18 \\ -4.25 \end{bmatrix} \quad (3.14)$$

表 3 – 13   **VAR 模型整体检验结果**

统计量	对应值	统计量	对应值
决定性残差协方差（dof adj.）	5.28E – 06	赤池信息准则（AIC）	– 6.1738
决定性残差协方差	3.67E – 06	施瓦茨信息准则（SC）	– 5.8770
对数似然值	61.5643		

构建 VAR 模型（3.13）的目的是为了利用 IRF 来考察系统中每一个内生变量的变动对其自己以及其他内生变量产生的影响作用，进而刻画内生变量间动态影响的轨迹，具体如图 3 – 2 所示。图中实线表示随着预期数的增加，$LACO_2(LAE)$ 对于其自身以及 $LAE(LACO_2)$ 的一个标准新息的脉冲响应，其虚线则分别表示在其上侧增加或者在其下侧以置信带两倍标准差的水平减少。

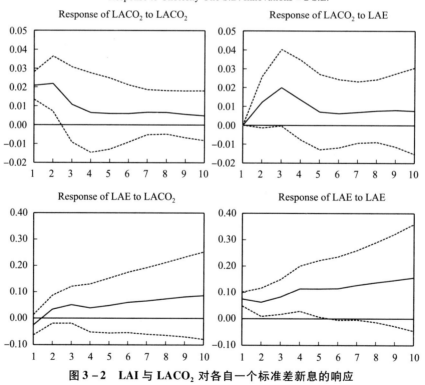

图 3 – 2   LAI 与 $LACO_2$ 对各自一个标准差新息的响应

由图 3 - 2 可知，我国农业碳排放对其自身的一个标准差新息的反应总体呈下降趋势，时波动状。由预测期第 1 期的 0.0208，以 4.81% 的速度增至第 2 期的 0.0218；但从第 2 期开始以平均大于 45% 的速度降至第 4 期的 0.0064；第 4 期之后较为平稳，波动较小。与此相反，我国农产品出口对其自身一个标准新息的反应总体呈上升趋势，时波动状。具体而言，由第 1 期开始急速下降并跌至第 2 期的谷底，然后持续上升至第 4 期，第 4 期至第 5 期呈现出微弱的震荡现象，第 6 期开始波动性较小，且上升趋势明显，持续至第 10 期。

我国农业碳排放的一个标准差新息对农产品出口的冲击，第 1 期为 0，之后冲击较大，并持续至第 3 期，并于第 3 期达到峰值；第 3 ~ 5 期，冲击力骤降，但第 5 期之后，虽影响力仍具有稍许的振幅出现，但总体逐渐趋于平稳。与此不同，我国农业碳排放对农产品出口的一个标准新息的反应较为平缓，总体呈上升趋势。具体而言，第 1 期冲击力为负值，说明农产品标准新息对我国农业碳排放的冲击具有滞后作用；该冲击力从第 1 期开始急速升至第 2 期，之后增速稍许较低，缓慢增至第 3 期；第 4 期冲击力有所降低，但之后冲击力呈平稳增长趋势持续至第 10 期。

总结 IRF 分析结果可知，对于内生变量 $LACO_2$ 的一个标准新息的冲击力，前期 LAE 反应波动性突显，但总体呈平稳上升趋势。相对而言，对于 LAE 的一个标准新息，$LACO_2$ 反应不是太强烈，波动性较小，较为平稳。该结论亦与前面的协整模型以及 Granger 因果检验结果相呼应，进一步验证了我国农产品出口与农业碳排放之间的关系。

6. 方差分解分析

基于前文中的 VAR 模型（3.13），研究对其回归结果进行方差分解，以便更好地描述系统的动态特征以及各个新息对内生变量（$LACO_2$ 和 LAE）的重要程度，具体结果见表 3 - 14。

表 3 - 14　　　　农产品进口与农业碳排放方差分解结果

时期	$LACO_2$ 的方差分解			LAE 的方差分解		
	S. E.	$LACO_2$	LAE	S. E.	$LACO_2$	LAE
1	0.0234	100.0000	0.0000	0.0989	1.5394	98.4606

续表

时期	$LACO_2$ 的方差分解			LAE 的方差分解		
	S. E.	$LACO_2$	LAE	S. E.	$LACO_2$	LAE
2	0.0285	99.5626	0.4374	0.1423	0.8710	99.1290
3	0.0307	98.4919	1.5081	0.1779	0.5569	99.4431
4	0.0320	96.7753	3.2247	0.2103	0.4295	99.5705
5	0.0329	94.4668	5.5332	0.2413	0.3973	99.6027
6	0.0337	91.6572	8.3428	0.2717	0.4113	99.5887
7	0.0344	88.4477	11.5523	0.3020	0.4458	99.5542
8	0.0352	84.9340	15.0660	0.3327	0.4876	99.5124
9	0.0361	81.1993	18.8006	0.3639	0.5300	99.4700
10	0.0370	77.3134	22.6866	0.3958	0.5699	99.4301

注：表结构同于表3-7，不再赘述。

由表3-14方差分解结果可知，$LACO_2$ 方差分解的贡献度主要来自其自身，但是从整个预测期来看，$LACO_2$ 对其自身方差分解的解释度总体呈明显的下降趋势，期均降速达2.82%，至第10期，其贡献度已由第1期的100%降至77.31%。与此相反，LAE 对 $LACO_2$ 方差分解的贡献度则呈现出较强的增长趋势，期均增长绝对值达2.5207，由第2期0.44%的贡献度到第3期的1.51%，再到第4期的3.22%，到第5期的5.53%，依次类推，到第10期22.69%的贡献度，LAE 对 $LACO_2$ 方差分解的贡献度约呈现出几何级数增长的态势。

LAE 的方差分解方面，$LACO_2$ 对 LAE 方差分解的贡献度呈"∨"状，先降后增。具体而言，以期均28.72%的速度由第1期的1.54%的贡献度降至第5期的0.40%；之后以期均7.48%的增速由第5期0.40%的贡献度增至第10期的0.57%。与此相反，LAE 对其自身的方差分解呈"∧"状。具体而言，由第1期的98.46%的贡献度，以期均0.29%的速度降至第5期的99.60%；自第5期开始，以期均0.04%的低速增至第10期的99.43%，但整体看，第10期的贡献度较于第1期，增长了0.98%。总之，我国农产品出口对农业碳排放的方差分解的贡献度不断增加，但是农业碳排放对农产品出口方差分解的贡献度却呈现出下降趋势，该结论亦验证了前文回归模型自变量与因变量设置的合理性。

3.3

本章小结

近年来，不同国家之间农产品贸易往来日益增多，结合我国农业生产的基本特征以及农产品贸易的细类，不难发现，我国农产品贸易逐渐呈现出进口以土地密集型农产品为主、出口以劳动密集型产品为主的贸易格局，并且在未来很长一段时间内将持续保持此状态。随着农产品贸易频度的不断增长，加之碳交易市场机制的不断完善，各国开始重视农产品贸易中的隐含碳问题，鉴于此，本章以我国农产品贸易的现状及特征为研究基础，借助 ADF 平稳性检验、协整分析、Granger 因果检验、VAR 模型及其脉冲函数与方差分解分析等相关的经济计量分析方法，着重考察了我国农产品进、出口与农业碳排放的关系，以期在当前农产品贸易格局下，通过完善农产品贸易机制，进而更好地解决农产品贸易中的隐含碳问题，寻求农产品的绿色、无污染贸易。基于前文实证分析，主要获取以下研究结论：

（1）我国农产品进口与农业碳排放、农产品出口与农业碳排放均处于一阶单整序列，即 $LAI \sim I(1)$、$LAE \sim I(1)$ 以及 $LACO_2 \sim I(1)$。

（2）我国农产品进口与农业碳排放、农产品出口与农业碳排放均具有协整关系，即长期均衡关系。其中我国农产品进口与农业碳排放长期弹性约为 0.1086，且当二者之间的短期动态关系偏离长期均衡时，将以 61.17% 的力度被调至均衡状态；我国农产品出口与农业碳排放长期弹性约为 0.0908，且当二者之间的短期动态关系偏离长期均衡时，将以 92.42% 的力度调至均衡状态。

（3）我国农产品贸易与农业碳排放具有双向 Granger 因果关系。其中，农产品进口与农业碳排放在滞后期 1 阶时具有双向 Granger 因果关系，农产品出口与农业碳排放在滞后期 3 阶时具有双向 Granger 因果关系。

（4）我国农产品进口对农业碳排放总量的变动影响较大。具体而言，一方面对于 $LACO_2$ 的一个标准差新息，LAI 反应微弱，但对于 LAI 的一个标准差新息，$LACO_2$ 反应较为强烈，且正向影响居多；另一方面 LAI 对 $LACO_2$ 方差的解释度达 56.36%，$LACO_2$ 对 LAI 方差的贡献度仅为 1.70%。

（5）我国农产品出口对农业碳排放总量的变动影响较大。具体而言，一方面对于内生变量 $LACO_2$ 的一个标准新息的冲击力，前期 LAE 反应波动性突显，但总体呈平稳上升趋势。相对而言，对于 LAE 的一个标准新息，$LACO_2$ 反应不是太强烈，波动性较小，较为平稳；另一方面 LAE 对 $LACO_2$ 方差的解释度达 22.69%，$LACO_2$ 对 LAE 方差的贡献度仅为 0.57%。

第 *4* 章

中国农产品贸易隐含碳
排放测度与时空分析

准确把握农产品贸易隐含碳排放量是实现农产品隐含碳减排目标的基本前提。但目前无论是学者还是专业统计机构，均缺少对农产品贸易隐含碳排放量的测度。基于此，本章将在结合已有研究的基础上，建立相关模型以测度中国农产品进出口贸易隐含碳排放量及分解农产品出口隐含碳排放的影响因素。具体而言，本章内容分为六节：4.1 节为引言部分；4.2 节为包含碳排放的贸易约束条件；4.3 节主要对农产品贸易隐含碳排放测度方法进行比较；4.4 节测度了中国农产品贸易隐含碳排放并对结果进行分析；4.5 节为中国农产品出口贸易隐含碳排放影响因素分解；4.6 节是对本章内容进行小结。

4.1
引言

随着人们对气候问题重视程度的增加，全球范围内对碳减排的呼声也日益高涨，作为世界温室气体排放大国的中国未来面临的碳减排压力也与日俱增。国际贸易是国际产业分工的表现，是各国实现商品和服务相互调剂余缺的重要途径，但同时也是影响一个国家温室气体排放增减的重要原因。根据已有研究发现，国际间的商品贸易导致大量隐含碳现实空间位置的转移，而中国约 1/4 的碳排放总量用于满足国外的生产和消费需求。数据显示，2002 年中国出口引起的直接和间接碳排放约占当年 CO_2 排放总量的 1/4，到 2005 年，中国仅出口货物产生的净出口隐含 CO_2 排放量约占当年排放总量的 1/3，此后一直保持在这一比例水平。2007 年，中国出口引起的直接和间接碳排放约 4 亿吨，远超同期德国、澳大利亚、南非、英国等全国 CO_2 排放总量，是韩国全国 CO_2 排放量的 2 倍左右。美国等发达国家是中国隐含碳出口的主要受惠者，1997～2003 年，中国大约 7%～14% 的 CO_2 排放是源于出口美国商品所产生的隐含碳排放。

从生产的角度来讲，中国是农产品的生产大国；从消费的角度来讲，由于中国人口众多，中国又是农产品的消费大国。因此，中国具有同其他国家实现农产品互通有无的现实需求。根据农业部相关统计资料显示，中国农产品对外贸易规模呈现显著的逐年递增态势：由于 2001 年中国刚刚加入世界贸易组织，而这一年中国的农产品贸易进出口总额仅为 223.96 亿美元，其中出口额达到 119.54 亿美元，进口额达到 104.42 亿美元，贸易顺差为 15.12 亿美元；2011 年，中国农产品进出口贸易总额增长到 1 373.7 亿美元，成为世界第四大农产品贸易国，其中农产品进、出口额分别为 950.66 亿美元、423.04 亿美元，其贸易逆差达到了 527.62 亿美元。根据这一趋势，可知随着我国农产品贸易规模的迅速扩大，特别是对高碳排放农产品的出口和高碳排放农产品的进口，必然导致国内农产品贸易隐含碳与其他贸易伙伴国之间的相互转移，从而对中国农业碳排放以及全球碳排放的整体格局产生重要的影响。因而，分析并准确把握中国农产品在国际贸易中隐含碳转移排放的情况，有助于我国积极调整农产品的生产和进出口管理，同时有利于整个国家控制和减少由于农产品对外贸易所造成的碳排放总量的增加，从长远来看，对于我国应对未来国际气候谈判、参与国际碳减排项目合作及在国际碳排放权交易市场中争取更多合理的排放权都具有非常重要的现实意义。

从对现有文献的梳理和比较来看，就国际贸易隐含碳排放，分析国家层面隐含碳的总体的研究较为集中，缺少对单个行业隐含碳的具体研究。但就对单个行业的研究而言，目前对工业及交通运输部门的隐含碳排放的研究相对较多，而对农产品贸易隐含碳排放的研究较少。联合国气候变化框架公约中关于排放目录清单条款给出的规定是，每个国家对于其自身领土范围内发生的温室气体排放负有清除责任。这项公约的规定关注的是一国领土范围内的碳排放治理责任分摊，却忽视了通过国际贸易引起的在国别间发生转移的碳排放问题。由于国际贸易使国与国之间的消费与生产产生分离，故而导致生产国生产产品而产生的碳排放被生产国以外的其他国家消费，造成碳排放在时空的分布上发生变化，所以近年来国际贸易隐含碳及碳排放责任分配问题得到普遍关注，焦点集中于国际隐含碳排放的国别转移问题。针对隐含碳的国家之间的转移问题，一些学者分别从单边贸易（Dietzenbacher et al.，2012）、双边贸易（闫云凤等，2009；Liu et al.，2010；Du et al.，2011）和全球贸易（Davis et al.，2010）等不同视角分析了国际贸易的发展对国家间隐含碳排放转移的影响以及造成隐含碳排放转移的影响因素。由于中国经济高速增长，碳排量增长也较快，另一方面，自加入 WTO（世界贸易组织）以来，中国对外贸易发展速度也较快，因此，国内外学者对中国国际贸易中的隐含碳排放问题予以高度关注（陈迎等，2008；Yan et al.，2010；李小平等，2010；闫云凤等，2012）。无论是从单边、双边还是全球的角度对贸易隐含碳排放的研究都表明，国际贸易对各国乃至全球碳排放的影响都不容忽视，欧美等发达国家往往会选择放弃在本国内生产碳密集型产品，而转向从发展中国家进口，其中一个重要原因就是直接进口碳密集型产品可以将其生产过程中产生的大量碳排放转移到进口国，在很大程度上减少了本国的碳排放。这样国际"碳泄漏"会不断地增加，发达国家在这样的国际贸易中占据了有利的位置，其消费者一方面可以享受到廉价的进口产品带来的好处，另一方面将其大量的碳排放顺利转移到产品生产国，而无须承担减排责任，从而引发了全球性争论，即如何合理界定各国排放责任，至今国际上还没有达成关于各国隐含碳排放责任的共识。国内大批专家、学者基于保障发展中国家权益的原则，针对国际碳排放责任问题提出了相关责任分担机制。潘家华等（2009）首次提出全球温室气体减排的碳预算方案，该方案是建立在人文发展基本碳排放需求理论的基础上，并基于全球视角提出的。国务院发展研究中心课题组（2009）则基于人均碳排放视角提出各国在界定碳排放责任时，应遵循"各国人均累积实际排放相等"的基本原则。樊纲等（2010）推崇该原则核心内容，从公平性的角度出发，提倡以各国人均累积消费实际碳排放水平作为国际分担碳减排责任的衡量指标，并主张根据最终消费来衡量各国碳排放责任。

对外贸易，被喻为中国经济增长的"三驾马车"之一，同时也对中国的整体就业形式改善做出了较大贡献。但较其贸易伙伴，中国出口产品在生产技术上存在较大差异，碳排放密集型产品占比相对较高。鉴于中国的农产品进口来源于全球多个国家或地区，这就意味着农业生产技术及能源利用效率通常表现出较大差异，不再满足单区域投入产出模型的技术同质性假设，从而引起估算偏差，导致结论的准确性。多区域投入产出（MRIO）模型将进口行为划分为中间投入和最终消费两个不同阶段，能全面覆盖本国及其所有贸易伙伴国的不同生产条件，对于测算一国对外贸易隐含碳排放及排放责任划分问题将更加科学和客观。本章在前期研究的基础上，再结合进出口贸易数据，应用多区域 MRIO 模型测算 2002～2011 年全国农产品进出口贸易隐含碳排放，分析其时序演变规律，进一步，以 2002 年和 2011 年两年为例，测算中国 31 个省（区、市）农产品进出口贸易隐含碳排放，分析其空间分布特征及区域公平性，最后，根据 LMDI 因素分解方法，分解农产品出口隐含碳排放的影响因素。在此基础上，力求对我国农业贸易政策和结构的调整，平衡经济发展和环境保护之间的关系，在国际气候谈判中掌握主动权提供基础研究数据和政策参考。

4.2

包含碳排放的贸易约束条件

随着各国对气候变化问题和贸易隐含碳排放问题关注度的增加，在国际贸易中也会更多地采取相应的贸易措施，以减少本国的温室气体排放。目前，国际上较为典型的包含碳排放的贸易约束政策主要有碳标签、碳关税和 ISO 质量认证体系。

4.2.1 碳标签

碳标签是近年主要在贸易领域中新出现的一种技术措施。碳标签的出现是为了缓解全球气候变暖，减少温室气体尤其是二氧化碳的排放，同时积极推广并普及低碳排放的生产技术。碳标签是通过把商品在生产和运输过程中所排放的温室气体排放总量标识在产品标签上，以这种明确详细的形式告知消费者关于此商品所包含碳的信息。换而言之，碳标签是通过在商品上加注碳足迹标签，同时宣传低碳的生活方式，以此来引导消费者购买更低碳排放的商品，消费者之间也可以相互影响，从而最终达到减少温室气体排放的目的。在目前的国际贸易中，农产品进出口领域已经应用了碳标签。虽然碳标签制度已经应用在许多领域，其积极作用也是较为明显的，但由于其成本较高以及各国实施的标准不一致等问题的存在，碳标签制度还需较好的完善才能发挥更好的作用。所以国际贸易中碳标签制度的实施能否达到既定减少温室气体排放的目标，主要取决于以下两个基本因素：（1）生产者和消费者必须都具备一定的经济和环境协调友好的双重理性，即他们必须有保持气候稳定和保护环境的共同倾向，同时又愿意支付因实施了碳标签而导致的购买的产品加价；（2）核定国际贸易产品的碳足迹或碳含量的方法要简单明了，并且还要统一标识，做到易于试点推广。

4.2.2　碳关税

碳关税是一项比较直接的贸易约束条件，其是指一个国家或地区在国际贸易中对进口的高耗能、高碳排产品所额外征收的碳排放特别关税，该关税以产品二氧化碳排放量作为衡量标准。究其性质来说，碳关税属于碳税的一种，作为一项主要的边境税收调节措施，在调节国际碳排放转移上发挥一定的控制作用。目前开征的碳关税的纳税人主要是指不接受污染物减排标准或与减排标准不一致的国家或地区，出口高耗能、高碳排放产品到其他国家时的与产品有关的企业或者个人。碳关税课税范围主要是针对没能较好承担和履行《联合国气候变化框架公约》中所规定的温室气体减排标准的国家或地区，出口到其他国家的高耗能、高碳排的产品，如铝、钢铁、水泥等高能耗的建筑用材和一些高排放的化工产品。而碳关税征税的依据是按照产品在生产过程中所排放碳的量来计征的，目前主要通过化石能源的使用数量换算而得到。目前碳关税的税率还没有国家或者地区具体出台相关规定。总体而言，碳关税是国际贸易与国际气候变化合作领域的新事物，能在贸易过程中对产生的碳排放起到抑制作用，但也是近年来美国、欧盟、日本等工业化国家频繁针对中、印等新兴市场国家提出的一项基于气候保护的贸易限制措施。

4.2.3 ISO 质量认证体系

ISO（国际标准化组织）质量认证体系从 2001 年开始着手进行社会责任国际标准的可行性研究和论证，ISO 9000 系列是众多由 ISO 设立的国际标准中最著名的标准，应用得最为广泛。此标准并不是评估产品的质量，而是评估产品在生产过程中的品质控制，是一个组织管理的标准。在 ISO 质量认证体系中关于环境保护的认证是 ISO26000，该认证主要包括可持续地使用自然资源、预防污染、缓和及适应气候变化等。在国际贸易中，该体系也被广泛应用，在保护自然资源和环境方面起到积极的作用。

4.3
农产品贸易隐含碳排放测度方法

应用投入产出分析法，对我国农产品贸易的隐含碳排放进行测度。20 世纪 30 年代，瓦西里·里昂惕夫研究并创立了投入产出分析方法，这种分析方法是一种用来反映经济系统各部分之间的投入与产出数量依存关系。换而言之，投入产出法就是通过对投入来源和产出去向的详细记录，以此排成一张二维的投入产出表，根据表中的记录建立具体投入产出的数学模型，可以计算出投入产出的消耗系数值，并据以开展实际的经济分析和预测的方法。因此，应用投入产出分析方法来评价嵌入到商品和服务中的碳排放是一种宏观的、有效的工具，可进行投入与产出的横向和纵向比较分析。

根据多区域 MRIO 模型，基于投入产出的综合平衡关系，可建立各国投入产出矩阵：

$$\begin{pmatrix} x_1 \\ x_2 \\ \vdots \\ x_m \end{pmatrix} = \begin{pmatrix} A_{11} & A_{12} & \cdots & A_{1n} \\ A_{21} & A_{22} & \cdots & A_{2n} \\ \vdots & \vdots & \ddots & \vdots \\ A_{m1} & A_{m2} & \cdots & A_{mn} \end{pmatrix} \begin{pmatrix} x_1 \\ x_2 \\ \vdots \\ x_m \end{pmatrix} + \begin{pmatrix} y_1 \\ y_2 \\ \ddots \\ y_m \end{pmatrix} \qquad (4.1)$$

矩阵（4.1）中，x_m 表示 m 国各个部门的产出；A_{mn} 表示从 m 国到 n 国的投入矩阵；y_m 表示 m 国的进出口贸易额。

简化后的投入产出数学模型为：

$$X = AX + Y = (I - A)^{-1} Y \qquad (4.2)$$

其中，A 为系数矩阵；X 代表总产出列向量；$(I - A)^{-1} = \{-X\}$ 是列昂惕夫逆矩阵，又称完全需要系数矩阵；Y 代表包含其他最终产品的社会最终产品列向量。

根据公式（4.2），如果设 E 为一国某行业单位总产出碳排放强度矩阵，那么该国为满足最终需求所产生的国内碳排放 C 可表达为：

$$C = E(I - A)^{-1} Y \qquad (4.3)$$

本节针对中国农产品贸易中的隐含碳排放，因此只考虑中国国内最终的农业碳排放（C_a），则：

$$C_a = R_a X_a = E_a (I - A_{11})^{-1} Y \qquad (4.4)$$

则中国农产品贸易出口隐含碳排放（C_a^{ex}）为：

$$C_a^{ex} = E_a (I - A^{11})^{-1} y_a^{ex} \qquad (4.5)$$

则中国农产品贸易进口隐含碳排放（C_a^{im}）为：

$$C_a^{im} = E_a (I - A^{11})^{-1} y_a^{im} \qquad (4.6)$$

则中国农产品进出口贸易中隐含碳排放的净平衡（C_a^b）为：

$$C_a^b = C_a^{ex} - C_a^{im} \qquad (4.7)$$

如果 $C_a^b > 0$，则表示中国农产品出口所隐含的碳排放较进口所隐含的碳排放更多，意味着中国为农产品对外贸易碳排放净出口国，此时，中国即为农产品世界贸易的碳排放污染转入国；同理，如果 $C_a^b < 0$，则表示中国农产品进口所隐含的碳排放量大于出口所隐含的碳排放量，表明中国为农产品贸易碳排放净进口国，即农产品世界贸易的碳排放污染转出国；如果 $C_a^b = 0$，则表明中国为农产品进出口贸易的碳排放平衡国家。

4.4

中国农产品贸易隐含碳排放测度结果分析

4.4.1 中国农产品贸易隐含碳排放时序演变规律

基于前面所列出的农产品贸易隐含碳排放计算方法以及相关原始数据，测算 2002~2011 年中国农产品进出口贸易隐含碳排放量如表 4-1 所示。由表 4-1 可知，2002 年以来，我国农产品出口隐含碳排放量、进口隐含碳排放量总体均处于增长态势。农产品进口隐含碳排放增速较之农产品出口隐含碳排放更快。从图 4-1 可看出，农产品进口隐含碳排放随年度增长趋势线较陡，增幅较大。根据本节的数据显示，仅在 2002 年农产品进口隐含碳排放量少于农产品出口隐含碳排放量，自 2003 年，呈现完全赶超，上升势态明显。农产品进口隐含碳排放量由 2002 年的 3 909.82 万 t 标准 CO_2 增长至 2011 年的 19 956.75 万 t 标准 CO_2，9 年间共增长了 410.43%，其中 2003 年和 2004 年的年度增长率高达 58.12% 和 67.30%，仅在 2005 年及 2009 年出现两次回落。同时，农产品出口隐含碳排放也保持着较高速度增长，但变化曲线相对于农产品进口隐含碳排放较为平缓。其总量由 2002 年的 5 179.58 万 t 标准 CO_2 增至 2011 年的 12 784.98 万 t 标准 CO_2，共增长了 146.83%，其中 2006 年起出口隐含碳排放增长较慢，2008 年和 2009 年期间出现负增长。

表 4-1 2002~2011 年全国农产品进出口贸易隐含碳排放

年份	出口隐含碳排放（万 t 标准 CO_2）	变动率（%）	进口隐含碳排放（万 t 标准 CO_2）	变动率（%）	净出口隐含碳排放（万 t 标准 CO_2）	变动率（%）
2002	5 179.58	—	3 909.82	—	1 269.76	—
2003	5 994.21	15.73	6 182.10	58.12	-187.89	-114.8
2004	8 535.44	42.39	10 342.37	67.30	-1 806.93	861.70

续表

年份	出口隐含碳排放（万 t 标准 CO$_2$）	变动率（％）	进口隐含碳排放（万 t 标准 CO$_2$）	变动率（％）	净出口隐含碳排放（万 t 标准 CO$_2$）	变动率（％）
2005	9 751.01	14.24	10 274.88	−0.65	−523.87	−71.01
2006	10 479.53	7.47	10 802.02	5.13	−322.49	−38.44
2007	10 808.36	3.14	12 101.56	12.03	−1 293.2	301.00
2008	10 019.63	−7.30	14 540.62	20.15	−4 520.99	249.60
2009	9 405.88	−6.13	12 519.40	−13.90	−3 113.52	−31.13
2010	11 289.89	20.03	16 616.64	32.73	−5 326.75	71.08
2011	12 784.98	13.24	19 956.75	20.10	−7 171.77	34.64

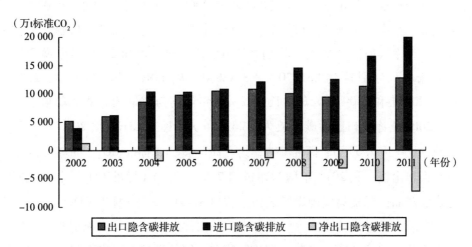

图 4 −1　全国农产品进出口贸易隐含碳排放年度走势

　　农产品出口隐含碳排放量和农产品进口隐含碳排放量变化共同决定了农产品净出口隐含碳排放的变化趋势。从表 4 −1 和图 4 −1 可以看出，我国农产品净出口隐含碳排放逐年降低，除 2002 年为正值，其他每年都为负值，表明这十年我国农产品贸易碳排放平衡的年份并未出现。由公式（4.7）的计算方法可知，净出口隐含碳排放量结果为正值时表示农产品出口所隐含的碳排放超过进口所隐含的碳排放，由此说明，2002 年，我国为农产品贸易碳排放的净出口国，即为碳排放污染转入国，也是被污染国。自 2003 年起，我国农产品净出口隐含碳排放均为负值，且绝对值除 2004 年、2006 年和 2008 年外逐年增大，且以一个较快速度增长，说明在这个阶段，我国农产品进口所隐含的碳排放超过出口所隐含的碳排放，且有扩大的趋势，为农产品贸易碳排放的净进口，也即我国在全球农产品贸易碳排放转移国中属于碳排放污染转出国。从变动率来看，我国农产品进口所隐含的碳排放变动较为明显，分别在 2003 年、2004 年、2007 年和 2008 年出现较大变动率，分别达到 −114.80%、681.70%、301.00% 和 249.60%，进口所隐含的碳排放除了在 2005 年和 2009 年出现负增长外都是以较大速率正增长。出口隐含碳排放变动不如进口的变动大，最大的变动幅度出现在 2004 年，达到 42.39%，除 2008 年和 2009 年出现负增长外，其余年份都是正增长，而 2008 年和 2009 年的负增长是由于 2008 年金融危机给中国带来的出口量减少的负面影响造成的。而净出口隐含碳排放的变动率较前二者更大，分别在 2004 年、2007 年和 2008 年出现了巨大的涨幅，分别达到 861.70%、301% 和 249.60%，除 2003 年、2005 年、2006 年和 2009 年为负增长外，其余年份均为正增长。从变动幅度来看，2002 年净出口隐含碳排放为 1 269.76 万 t 标准 CO_2，仅 2003 年一年就减少了 1 457.65 万 t 标准 CO_2，为 −187.89 万 t 标准 CO_2，扭转为碳排放污染转出国；到 2011 年增为净进口 7 171.77 万 t 标准 CO_2，十年之间通过农产品国际贸易实现碳排放污染转出 8 441.53 万 t 标准 CO_2。

在后京都时代的减排责任分配中，各国都发出应充分重视贸易中的隐含碳排放转移的呼吁，应避免发达国家向中国等发展中国家引起的"碳泄漏"。本研究结果表明，2003 ~ 2011 年中国为农产品贸易碳排放污染转出国，这与宏观层面的中国贸易隐含碳排放的研究结果符合。魏本勇等（2009）对 2002 年中国贸易隐含碳排放的研究也发现，中国存在一个显著的隐含碳排放出口行为，而其他国家的消费需求是引起中国隐含碳排放出口增加的重要原因。该结果与张迪等的研究结果存在一定出入，张迪等（2010）对中国农产品贸易碳排放的研究显示 2002 年中国为农产品隐含碳排放净出口国，但结果值偏大，需要消除单位口径以及农业碳排放源选取的差异等因素。

4.4.2　中国农产品贸易隐含碳排放空间分布特征

表 4 - 2 描述了 2002 年及 2011 年两年间我国 31 个省（区、市）农产品出口贸易隐含碳排放、进口贸易隐含碳排放以及净出口隐含碳排放的情况。从表中可以发现，2011 年，农产品出口隐含碳排放量居于前 5 位的省份依次是山东、四川、广东、福建和浙江，分别排放了 22 105.38 万 t、17 745.34 万 t、10 315.35 万 t、9 318.68 万 t 和 6 985.04 万 t 标准 CO_2，与 2002 年相比，碳排放量上都有较大幅度的增长，就排名而言，2002 年是山东、广东、吉林、浙江和新疆排依次排在前 5 名，到了 2010 年吉林和新疆退出了前 5 名，取而代之的是四川和福建，分别排在第 2 名和第 4 名；农产品出口隐含碳排放量居于后 5 位的省区市依次是青海、山西、宁夏、重庆和贵州，分别排放了 219.8 万 t、222.5 万 t、259.06 万 t、373.38 万 t 和 677.27 万 t 标准 CO_2，与 2002 年相比，这 5 个省区市虽然排在后 5 名，但其碳排放量上也都有较大幅度的增长，就排名而言，2002 年排在后 5 位的省区市依次是青海、宁夏、海南、西藏和重庆，海南和西藏退出了后 5 名，山西和贵州分别排在倒数第 2 名和第 4 名。

表 4 - 2　　　　我国 31 个省（区、市）2002 年及 2011 年

农产品进出口贸易隐含碳排放　　　单位：万 t 标准 CO_2

地区	2002 年			2011 年		
	出口隐含碳排放	进口隐含碳排放	净出口隐含碳排放	出口隐含碳排放	进口隐含碳排放	净出口隐含碳排放
北京	201.57	502.81	- 301.24	1 980.74	17 745.34	- 15 764.6
天津	84.52	95.49	- 10.97	1 579.39	6 957.82	- 5 378.44
河北	157.47	119.54	37.94	2 329.06	4 041.54	- 1 712.49
山西	33.61	3.14	30.47	222.5	35.3	187.2
内蒙古	98.16	10.22	87.94	1 003.21	951.01	52.2
辽宁	166.93	99.74	67.19	6 383.62	5 604.59	779.03

地区	2002 年			2011 年		
	出口隐含碳排放	进口隐含碳排放	净出口隐含碳排放	出口隐含碳排放	进口隐含碳排放	净出口隐含碳排放
吉林	323.85	7.75	316.1	2 270.3	1 257.68	1 012.61
黑龙江	147.24	22.8	124.44	2 001.83	3 449.9	−1 448.07
上海	206.47	361.75	−155.28	4 460.84	24 432	−19 971.16
江苏	196.12	377.82	−181.69	5 594.55	21 324.42	−15 729.87
浙江	254.23	160.13	94.1	6 985.04	8 252.82	−1 267.79
安徽	115.02	21.39	93.63	2 300.32	2 402.84	−102.52
福建	179.65	38.06	141.59	9 318.68	5 533.18	3 785.5
江西	42.51	3.86	38.65	889.26	168.71	720.55
山东	780.14	325.29	454.85	22 105.38	26 756.42	−4 651.05
河南	77.76	82.18	−4.41	1 897.64	2 533.81	−636.17
湖北	72.22	10.11	62.11	3 589.74	685.8	2 903.94
湖南	81.05	31.23	49.82	1 895.67	674.9	1 220.78
广东	541.55	679.69	−138.13	10 315.35	17 728.01	−7 412.66
广西	106.93	150.69	−43.75	2 659.1	6 325.78	−3 666.68
海南	8.37	5.93	2.44	701.71	246.27	455.45
重庆	23.67	1.43	22.23	373.38	770.81	−397.43
四川	99.13	13.52	85.6	17 745.34	747.31	16 998.03
贵州	34.36	1.06	33.30	677.27	1.20	676.07
云南	130.75	15.77	114.97	4 409.34	2 991.50	1 417.84
西藏	18.58	12.14	6.44	695.80	4.84	690.96
陕西	38.23	2.65	35.58	1 245.32	271.39	973.93
甘肃	28.76	6.77	21.99	1 054.46	48.89	1 005.56
青海	5.53	0.13	5.40	219.80	4.98	214.82
宁夏	6.75	0.13	6.62	259.06	0.31	258.75
新疆	207.69	18.89	188.80	2 655.94	1 446.68	1 209.26

　　2011 年，农产品进口隐含碳排放量居于前 5 名的省市依次是山东、上海、江苏、北京和广东，分别排放了 26 756.42 万 t、24 432 万 t、21 324.42 万 t、17 745.34 万 t 和 17 728.01 万 t 标准 CO_2，与 2002 年相比，这 5 个省市的出口隐含碳排放有较大幅度的增长，就排名而言，2002 年排在前 5 名的省市依次是广东、北京、江苏、上海和浙江，浙江退出了前 5 名，广东一跃成为第 1 名；农产品进口隐含碳排放量居于后 5 名的省区依次是宁夏、贵州、西藏、青海和山西，分别排放了 0.31 万 t、1.2 万 t、4.84 万 t、4.98 万 t 和 35.3 万 t 标准 CO_2，而 2002 年排在后 5 名的省区市依次是青海、宁夏、贵州、重庆和陕西，重庆和陕西的排名有所上升，而西藏和山西排到后 5 位，依次排在倒数第 3 名和第 5 名。

　　综合以上分析可以发现，2002 年，无论是农产品出口隐含碳排放量还是农产品进口隐含碳排放量排名前 5 名的都为边境省（区、市），包括东部沿海的省份和内陆边境省区，排名后 5 名的除了海南的农产品出口隐含碳排放量排在倒数第三，其余都为内陆省区市；2011 年，农产品出口隐含碳排放量排名前 5 名的除了四川，其余皆为东部沿海省市，农产品进口隐含碳排放量排名后 5 名的都是内陆省区市。可见，东部沿海地区由于其天然的地域优势，其在农产品进出口方面具有极大的便利性，故其进出口量较内陆省区市大，以山东省为例，2011 年其农产品进出口隐含碳排放都为第一，原因在于山东是我国的经济大省，农产品的需求量大，由于其便利的交通位置，进口农产品的量较大，但同时山东也是我国的农产品生产大省，主要以蔬菜花生等为主，远销世界各地，故其农产品出口量也较大，总之，其在进出口的过程中所排放的隐含碳也较多。

　　2011 年，农产品净出口隐含碳排放量居于前 5 位的省份依次是四川、福建、湖北、云南和湖南，分别排放了 16 998.03 万 t、3 785.5 万 t、2 903.4 万 t、1 417.84 万 t 和 1 220.78 万 t 标准 CO_2，2002 年排在前 5 名的省区依次是山东、吉林、新疆、福建和黑龙江，其中只有福建依然排在前 5 名，其他排名都发生了较大变化；农产品净出口隐含碳排放量居于后 5 位的省市依次是上海、北京、江苏、广东和天津，分别排放了 -19 971.16 万 t、-15 764.6 万 t、-15 729.87 万 t、-7 412.66 万 t 和 -5 378.44 万 t 标准 CO_2，2002 年排在后 5 名的省区市依次为北京、江苏、上海、广东和广西，其中只有广西取代天津成为倒数第5。2011年，四川、福建等18个省（区、市）的净出口隐含碳排放量为正值，说明这些地区为农产品出口所隐含的碳排放超过进口所隐含的碳排放，即在农产品世界贸易中为碳排放污染转入地区，也是被污染地区；上海、北京等13个市（省、区）净出口隐含碳排放量为负值，说明这些地区为农产品进口所隐含的碳排放超过出口所隐含的碳排放，即在农产品世界贸易中为碳排放污染转出地区。2011年相比2002年，山东、河北、黑龙江、浙江、重庆和安徽六省市的净出口隐含碳排放由正值变成负值，说明这六个地区由碳排放污染转入地区变为污染转出地区，但没有地区的净出口隐含碳排放由负值变成正值，说明并没有地区由碳排放污染转出地区变为污染转入地区。

4.4.3 中国农产品贸易区域隐含碳排放公平性分析

从上一节的分析中可以看出，整体上来说，随着经济水平的发展，我国在与世界各国进行农产品贸易时逐渐成为碳排放污染转出地区，而且正呈现放大的趋势。2011年，从区域位置来看，北京、天津、河北等11个东部省（区、市）中除了辽宁、福建、海南三省的净出口隐含碳排放为正之外，其余省市都为负值，且绝对值较大，13个净出口隐含碳排放为负值的省份中东部地区占了8个，而这8个地区的净出口隐含碳排放占了全部13个净出口隐含碳排放为负值的省份的92%；山西、吉林、黑龙江等8个中部地区中，黑龙江、安徽和河南3省的净出口隐含碳排放为负值，其余省份的值为正；四川、重庆、贵州等12个西部省（区、市）中，只有重庆和广西两个地区的净出口隐含碳排放为负值，其余地区都为正值，18个净出口隐含碳排放为正值的中东部地区占了10个，这10个地区的净出口隐含碳排放占了全部18个净出口隐含碳排放为正值的地区的67.99%。由此可见，东部经济发达地区的绝大部分地区净出口隐含碳排放为负值，在农产品国际贸易中为碳排放转出地区，而且是中国最主要的碳排放转出地区，而中西部地区中大部分省区市的净出口隐含碳排放为正值，在农产品国际贸易中为碳排放转入地区。因此，中国在发展农产品国际贸易的时候应该更多地考虑隐含碳在本国东部和中西部地区的责任分摊。

4. 5
中国农产品出口贸易隐含碳排放影响因素分解

4.5.1　农产品出口隐含碳排放影响因素分解方法

通过查阅以往研究发现，指数分解分析有多种，其中可应用于温室气体碳排放量变化的因素分解，研究的常见方法是 IDA 模型。IDA 是一项较为完善的指数分解分析框架，试图从宏观上揭示各个影响因素的作用，为减排政策的确立指引方向。它以指数理论为基础，能够整体上确定各影响因素作用的大小，因而适合于连续时间的因素分析，既可以分析温室气体排放量的绝对变化，也可以分析相对变化，因此在本研究拟要对中国农产品贸易中的隐含碳排放量在 2002 ~ 2012 年期间内变化的因素分解分析中，选取该分析框架是适用的。

在分析出口贸易中的隐含碳排放量变化问题时，其主要思想是运用一个恒等式对出口贸易中的隐含碳排放进行描述：

$$Q = \sum_i Q_i = \sum_i E \frac{e_i}{E} f_i = \sum_i ES_i f_i \qquad (4.8)$$

式（4.8）中，字母 Q 表示出口隐含碳总量；E 表示一国出口贸易总量；e 表示单一产业出口额；f 为出口贸易隐含碳排放强度；i 为产业类别。

将以上 IDA 思想具体到农业，并结合我国实际情况，农产品出口隐含碳排放的变化拟从结构效应、技术效应和规模效应三个方面进行考察，那么中国农产品出口贸易隐含碳排放的恒等式分解形式可表示为：

$$C_a^{ex} = \frac{C_a^{ex}}{C_a} \times \frac{C_a}{GDP_a} \times GDP_a \qquad (4.9)$$

其中，C_a^{ex}、C_a、GDP_a 分别表示农产品出口隐含碳排放量、农业碳排放量、农业增加值。

在 IDA 分析框架中，某一变量影响因素分解较为常见的操作方法有拉式指数法、算数平均迪氏指数法（AMDI）及对数平均迪氏指数法（LM-DI）三种。采用不同的方法进行因素分解分析，得出的结论也存在差异。如辛顿和莱维（Sinton and Levine，1994）和张（Zhang，2003）都曾经利用拉氏指数法对一定期间内中国工业部门能源消费问题的结构变动和强度变动进行因素分解分析，但由于拉氏指数法本身存在残差项难以解释的问题，因此运用拉氏指数法分解得到的研究成果是否能够真实反映并说明问题目前还存在一定的置疑，改进的拉氏指数法也无法完全避免。相较而言，迪氏指数法较为合理，实际中采用迪氏指数法分析结构变动等问题更具有说服力。其中，AMDI 方法常被用于工业产业的能源强度因素分析中（Huang，1993），也有越来越多的学者开始将 AMDI 方法及 LMDI 方法运用于碳排放变化的影响因素研究中。田云等（2011）使用 LMDI 方法对农业碳排放影响因素进行分解研究，发现结构因素、经济因素均有较大影响。

鉴于 LMDI（logarithmic mean divisia index，LMDI）方法具有较为优良的性质，满足因素可逆，能够给出较为合理的因素分解，结果不包括残差项，克服了存在残差项或对残差项分解不当或不能解释的缺点，使模型说服力大大提高（Aug，2004）。本节拟采用马（Chunbo Ma）和斯特恩（David I. Stern，2006）等诸位学者都曾选用的 LMDI 方法对我国农产品出口贸易中的隐含碳排放变化因素进行因素分解。

根据 LMDI 分解方法，农产品出口隐含碳排放主要由贸易结构、农业碳排放强度和农业经济规模共同决定，若设定其变化引起的农产品出口隐含碳排放量变化分别表示为结构效应 $Sta = \dfrac{C_a^{ex}}{C_a}$、技术效应 $Tec = \dfrac{C_a}{GDP_a}$ 和规模效应 $Sca = GDP_a$，则用加法分解模式，在基期和报告期的出口贸易中隐含碳排放变动情况可表示为以下形式：

$$\Delta C_{tot} = C^t - C^0 = \Delta C_{Sta} + \Delta C_{Tec} + \Delta C_{Sca} \qquad (4.10)$$

其中，ΔC_{tot} 表示加法分解模式下农产品出口隐含碳排放总效应，ΔC_{Sta}、ΔC_{Tec} 和 ΔC_{Sca} 分别表示加法分解模式下农产品出口隐含碳排放的结构效应、技术效应和规模效应；另外，设基期农产品出口隐含碳排放总量为 C^0，T 期农产品出口隐含碳排放总量为 C^t。

在 LMDI 方法加法分解模式下，各分解因素贡献值的表达式分别为：

$$\Delta C_{Sta} = \sum \frac{C^t - C^0}{\ln C^t - \ln C^0} \ln \frac{Sta^t}{Sta^0} \qquad (4.11)$$

$$\Delta C_{Tec} = \sum \frac{C^t - C^0}{\ln C^t - \ln C^0} \ln \frac{Tec^t}{Tec^0} \qquad (4.12)$$

$$\Delta C_{Sca} = \sum \frac{C^t - C^0}{\ln C^t - \ln C^0} \ln \frac{Sca^t}{Sca^0} \qquad (4.13)$$

其中，ΔC_{Sta}表示从基期到 T 期仅有农产品出口隐含碳排放占农业碳排放总量的百分比变化而其他两个因子表示未发生变化导致的农产品出口隐含碳排放量的变化；ΔC_{Tec}表示贸易结构、农业经济规模不变而仅由农业碳排放强度的变化引起的农产品出口隐含碳排放从基期到 T 期的变化；ΔC_{Sca}表示贸易结构、农业碳排放强度均保持在基期水平而由于农业经济规模的改变导致的农产品出口隐含碳排放的变化。

4.5.2 中国农产品出口隐含碳排放影响因素分解结果

基于上述 LMDI 模型以及相关数据，借助软件得到中国农产品出口隐含碳排放影响因素分解结果如表 4 - 3 所示。

表 4 - 3　　　　中国农产品出口隐含碳排放影响因素分解结果

单位：万 t 标准 CO_2

年度	结构效应	技术效应	规模效应	总效应
2002 ~ 2003	753.19	-118.70	5 760.05	6 394.55
2003 ~ 2004	2 933.38	-244.50	7 419.61	10 108.48
2004 ~ 2005	3 895.40	-407.55	8 394.91	11 882.77
2005 ~ 2006	4 491.02	-672.24	9 157.95	12 976.73
2006 ~ 2007	5 205.19	-1 385.71	9 693.10	13 512.58
2007 ~ 2008	4 600.10	-1 870.90	9 781.31	12 510.51
2008 ~ 2009	3 847.57	-1 960.32	9 855.32	11 742.57
2009 ~ 2010	5 574.91	-2 396.86	11 397.64	14 575.69
2010 ~ 2011	6 956.82	-2 872.66	12 789.44	16 873.61

从表4-3和图4-2可知，2002～2011年期间，结构效应、规模效应均为正，说明对中国农产品出口隐含碳排放具有较强的推动作用，而技术效应表现为负，即在一定程度上抑制了中国农产品出口隐含碳排放污染的转入。

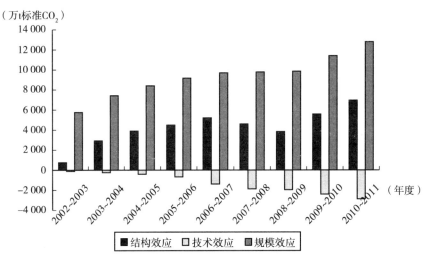

图4-2　中国农产品出口隐含碳排放影响因素分解结果

（1）农业碳排放结构效应对中国农产品出口隐含碳排放贡献的变化值为正，表明农产品出口碳排放转移的逐年剧增导致了农产品出口隐含碳排放量的不断增加，即通过农产品出口贸易转入我国的碳排放污染不断增加。从表4-3、图4-2及图4-3可以看出，结构效应对中国农产品出口隐含碳排放的贡献量变化随着时间增长呈现出波动上升态势，波动阶段出现在2007～2009年期间。相比2002年，2003～2011年结构效应累计引发了738.62%（38 257.59万t）隐含碳排放增量，表明若其他因素不变，则由于农产品出口量逐年剧增引起农业贸易结构的变化进而导致中国农产品出口贸易中碳排放污染转入我国的数量平均每年增加4 251.07万t。其中2007年、2010年和2011年结构效应较明显，分别相比上一年引发了62.45%（5 205.19万t）、59.27%（5 574.91万t）、61.65%（6 956.82万t）的隐含碳排放增量。中国作为传统农业大国，2002年农产品出口额180.4

亿美元，2011 年上升到 607. 5 亿美元，同比增长 23. 0%，在农产品出口规模扩大的同时，其引发的隐含碳排放量也在急速增加。此外，由于中国农业的资源禀赋和比较优势结构特征，中国农产品出口贸易近年来呈现如下两个趋势：一是中国出口农产品以劳动密集型以及高价值高碳排的农产品为主。如 2003 年，中国出口水产品（包括新鲜及冷冻型）约 33. 4 亿美元，蔬菜出口 21. 8 亿美元，园艺产品出口 52. 7 亿美元，畜产品出口27. 3 亿美元，该四类主要出口农产品的产值合计占农产品总出口产值的63. 9%；二是农产品加工品的出口量在增加。2003 年，中国农产品加工品出口产值 85 亿美元，占农产品出口总值的 40. 2%。其中水产品加工品出口产值 19. 3 亿美元，占农产品出口总值的 9. 1%，肉类加工品出口产值 7 亿美元，占农产品出口总额的 3%。总体而言，中国农产品出口贸易结构导致中国农产品出口隐含碳排放污染转入不断增加，即结构效应对农产品出口隐含碳排放的贡献作用正在显现。

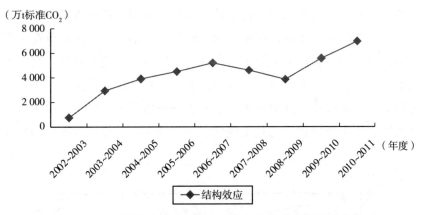

图 4 - 3　结构效应对中国农产品出口隐含碳排放的贡献量

（2）技术效应对中国农产品出口隐含碳排放贡献的变化值为负，说明技术效应抑制了中国农产品出口贸易中隐含碳排放的变化，在一定程度上加剧了农产品贸易碳排放污染转移他国。从表 4 - 3、图 4 - 2 及图 4 - 4可以看出，技术效应对中国农产品出口隐含碳排放的贡献量变化呈现出稳定负增长态势。相比 2002 年，2003 ~ 2011 年技术效应累计引发了

230. 32%（11 929. 45 万 t）隐含碳排放增量，表明若其他因素不变，则由于农业生产技术的提升进而引起农业碳排放强度的减小会导致中国农产品出口贸易中转入我的碳排放污染平均每年减少 1 325. 49 万 t。中国农业过去的生产方式较为粗放，以高碳排放为代价，其中碳的主要来源为农业生产过程中投入使用的化肥、农药、农用薄膜等农业生产物质，这些生产物质间接消耗能源并且产生大量农业废弃物因而产生碳排放。虽然这种高消耗高污染的生产方式至今仍然不能完全避免，但近年来农业生产技术的大幅度提升有效控制了中国农业碳排放强度，即单位农业生产总值的农业碳排放量实现有效降低，从而在一定程度上有效减缓了农产品出口贸易中隐含碳排放转入我国的局面。一方面源于政府对农业政策的调整，有利于农业生产技术的提升。尤其"十五"期间，各地认真贯彻落实中央精神，一系列强有力的促进现代农业生产发展的政策措施有效推动了我国农业生产技术水平的提高。如农业部办公厅近年来致力于改善传统化肥施用过度并引导农业生产向现代科学施肥模式转变等大型工程，着力开展测土配方施肥技术的普及行动并大力建设示范县、实行定期工作抽查机制，以保障测土配方施肥的有效实现，除加强配方施肥宣传培训外，还注重配方肥供应网络建设，严格管理配方肥市场，并确保地方财政资金补贴。另一方面是从业人员观念的转变，也是导致中国农产品贸易隐含碳排放污染转出的重要因素。农业从业人员越来越意识到生态环境的重要性，也越来越多的关注低碳农业生产模式，尤其是现代农业新型人才，他们是推行和实践现

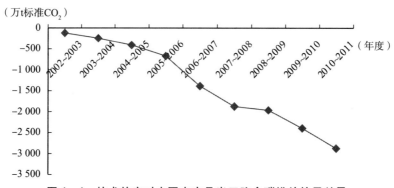

图 4 - 4　技术效应对中国农产品出口隐含碳排放的贡献量

代农业技术和低碳农业模式的中坚力量。正是由于政策保障与人民观念转变的双重驱动下，农业生产力高速增长的同时，单位农业总产值的农业碳排放量得到有效控制，从而导致农产品出口贸易中中国由以前的污染转入国变为污染转出国。

（3）规模效应对中国农产品出口隐含碳排放贡献的变化值为正，说明规模效应是导致农产品出口贸易隐含碳排放污染转入我国不断增加的主要因素。从表 4 - 3、图 4 - 2 及图 4 - 5 可以看出，规模效应对中国农产品出口隐含碳排放的贡献量变化呈现出稳定增长态势。相比 2002 年，2003 ~ 2011 年规模效应累计引发了 84 249.35 万 t 的隐含碳排放增量，表明若其他因素不变，则由于农业生产规模的变化进而引起中国农产品出口贸易中碳排放污染转入我国的数量平均每年增加 9 361.04 万 t。中国人口基数大，人均耕地面积小，农业生产活动主体以单个农户为主，生产方式多为人工的传统方式，虽然近年来在国家大力发展农业机械的情况下，农业机械化水平逐渐提高，基本实现了现代化、机械化，然而农业集约化经营程度还不是很高。2002 年，中国农用拖拉机总数仅为 91 万台，平均每千公顷耕地拖拉机使用量为 6 台，而同时期的美国拥有农用拖拉机总数高达 480 万部，平均每千公顷耕地拖拉机使用量超过 30 台，是中国使用量的 5 倍以上。而就耕地面积来看，中国平均每个从事农业经济活动人口的耕地面积为 0.3 公顷，而美国平均每个从事农业经济活动人口的耕地面积

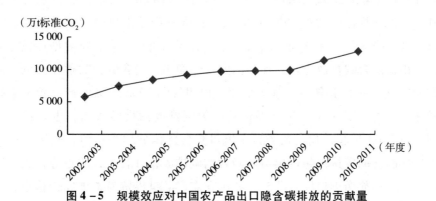

图 4 - 5　规模效应对中国农产品出口隐含碳排放的贡献量

约为 61 公顷①，约为中国的 202 倍。总体来看，中国农业生产相比美国等发达国家仍然相对落后，集约化程度不够，但农业增加值保持逐年上升，从 2002 年的 19 607.07 亿元迅速增加到 2011 年的 29 791.55 亿元，表明规模效应在增加，从中国农产品出口隐含碳排放因素分解结果来看，这是导致中国农产品出口隐含碳排放污染转入量增加的一大主要因素。

4.6

本章小结

国际贸易导致大量隐含碳排放在国家间的空间转移，中国不仅是农业大国，也是农产品国际贸易的大国，农产品的国际贸易同样会造成碳的空间转移。随着人们对环境关注度的不断提升，在农产品国际贸易中产生的隐含碳排放也引起了广泛的关注。目前国际贸易中包含碳排放的贸易约束条件有碳标签、碳关税以及 ISO 质量认证体系等，其中碳标签是以标签的形式告知消费者关于此商品碳排放的信息，以此达到引导消费者消费低碳产品的目的，碳关税则是通过直接对温室气体排放征税，增加生产者或者购买者的成本从而达到减碳的目的，同样 ISO 质量认证体系也是通过对产品质量和生产过程的高标准要求以尽量减少对环境的污染。

而本章在前期研究的基础上，再结合进出口贸易数据，应用多区域 MRIO 模型测算 2002～2011 年全国农产品进出口贸易隐含碳排放，分析其时序演变规律，发现 2002 年以来，我国农产品出口隐含碳排放量、进口隐含碳排放量总体均处于增长态势，农产品进口隐含碳排放增速较之农产品出口隐含碳排放更快，而我国农产品净出口隐含碳排放逐年降低，除 2002 年为正值，其他每年都为负值，说明我国 2002 年为农产品贸易碳排放净出口国，即在农产品世界贸易中为碳排放污染转入国，也是被污染国，自 2003 年起，我国农产品净出口隐含碳排放均为负值，我国农产品进口所隐含的碳排放超过出口所隐含的碳排放，且有扩大的趋势，为农产品贸易碳排放净进口国，此时，我国在农产品世界贸易碳排放转移中属于

---

① 中国国家统计局，2009.

碳排放污染转出国。进一步，以 2002 年和 2011 年两年为例，测算中国 31 个省（区、市）农产品进出口贸易隐含碳排放，分析其空间分布特征及区域公平性，测算结果发现进出口隐含碳排放较大的省份大都为东部经济地区，净出口隐含碳排放较大的地区同样是东部地区，反之中西部地区的量都相对较小，说明中国在发展农产品国际贸易的时候应该更多地考虑隐含碳在本国东部和中西部地区的责任分摊。

最后，根据 LMDI 因素分解方法，分解农产品出口隐含碳排放的影响因素。分解结果得出，影响农产品隐含碳排放的因素分为结构效应、技术效应和规模效应，其中农业碳排放结构效应对中国农产品出口隐含碳排放贡献的变化值为正，说明农产品出口碳排放转移的逐年剧增导致了农产品出口隐含碳排放量的不断增加，即通过农产品出口贸易转入我国的碳排放污染不断增加，技术效应对中国农产品出口隐含碳排放贡献的变化值为负，说明技术效应抑制了中国农产品出口贸易中隐含碳排放的变化，在一定程度上加剧了农产品贸易碳排放污染转移他国，规模效应对中国农产品出口隐含碳排放贡献的变化值为正，其值占总效应的比例最大，说明规模效应是导致农产品出口贸易隐含碳排放污染转入我国不断增加的主要因素。

第5章

中国农产品贸易增长与隐含碳排放的脱钩分析

——以出口贸易为例

第4章一方面对我国农产品贸易隐含碳排放量进行了有效测度，进一步，比较了其时空差异并探究了导致农产品出口贸易隐含碳排放量变化的主要因素。而本章将利用脱钩模型，探究农产品出口贸易与隐含碳排放之间的关系，以便为相关决策的制定提供必要依据。具体内容安排如下：一是对脱钩分析知识进行系统阐述，二是介绍本研究具体方法和数据；三是以出口贸易为例从宏观上解读了农产品与农业隐含碳排放脱钩情况；四是在对脱钩弹性指标分解的基础上，估算了农产品出口贸易增长弹性对农产品贸易隐含碳排放的驱动效应；五是给出了政策建议。

5.1

引言

改革开放以来，我国农产品对外贸易保持了快速增长态势，进出口贸易总额由1978年的54.5亿美元蹿升至2013年的1866.9亿美元，累计增加了33.3倍；其中，出口贸易额由1978年的23.91亿美元增加至2013年的678.3亿美元，35年间也增加了近28倍。但是，一方面在我国农业贸易取得可喜成绩的同时，却同时面临着农业资源消耗的不堪重负，农产品国家贸易高速增长往往也伴随着贸易隐含碳排放量的急剧增加。正是该客观条件的存在，农产品贸易当中的隐含碳排放问题成为学术界研究的热点问题之一（Angela Druckman，Tim Jackson，2009；Yan Dong，John Whalley，

2011；Xin Zhou，Takashi Yano，Satoshi Kojima，2013；Misato Sato，2014）。基于对外贸易视角来看，隐含碳与碳转移排放的含义基本一致，而在研究中则通常利用农业碳排放或农业隐含碳排放进行替代。事实上，碳排放高低不仅仅反映了人类农业物质资源利用的方式和水平，而且关系着人类未来的发展方式。当前，作为全球最大的发展中国家，中国已超过美国成为温室气体排放最多的国家，由此也引发了国际社会的高度关注，加之中国国内也正在谋求发展方式转型，因此节能减排的内外压力空前。值得注意的是，目前我国高强度的农业碳排放，一方面是为了满足国内居民的自身消费需求，但另一方面也有相当部分是为其他国家居民生产生活所需品所引起，以欧美、日韩等为代表的发达国家或地区由此成为我国农产品出口贸易碳排放的主要受惠方。但是，目前所涉及温室气体减排的一些协议，诸如《联合国气候变化框架公约》、哥本哈根第十五次缔约方大会、《京都议定书》第 8 次缔约方大会等，都有一个共性：发达国家在享受种类繁多的物质商品时，并不需要为高强度的二氧化碳排放买单，更有甚者，各类气候资源资料也倾向于为发达国家开脱，且相关资料通常只包括了农业生产过程的碳排放核算，而未涉及其他环节。当前，已有大量研究证实了我国农业碳排放量增加中的相当一部分源自富裕国家消费需求拉动。任艾（Shenggang Ren et al.，2014）研究认为，中国已成为国际碳排放的避风港，其中外国直接投资和贸易的比较优势是促进中国年度碳排放增加的两个主要原因，因此该项研究建议中国应调整产业结构和限制大规模外国直接投资流入，实现产业与贸易比较优势转型，促进环境监管水平、引进和发展低碳技术，着力减少温室气体排放。阿特金森等（Giles Atkinson et al.，2011）评估了虚拟碳隐含在国内生产技术和国际贸易格局中的流动，结果发现包括中国、印度等主要发展中国家是大型的虚拟碳净出口国，而齐晔等（2008）基于投入产出法对我国 1997～2006 年进出口贸易中的隐含碳排放量进行了估算，结果表明：在 2002 年之前，我国隐含碳净出口量约占当年全国碳排放总量的 13%，此后这一比例持续增加，至 2006 年已逼近 30%。另外，协整分析等计量手段也经常出现在相关研究中，穆罕默德·阿明布塔巴（Mohamed Amine Boutabba，2014）则通过该手段检验了印度对外贸易与碳排放间的关系，发现二者之间长期均衡，且互为因果。

通过各方面文献梳理表明，关于贸易与隐含碳排放二者间关系的研究，在方法选取上较常用的是变量间的关系检验和投入产出模型分析两种。然而，却鲜有学者利用脱钩理论探究农产品贸易与其隐含碳排放间的相互关系。基于此，本章将以农产品出口贸易为例，利用 Tapio 脱钩模型和 TMDI 因素分解法分析我国 2002~2011 年间农业贸易增长与其隐含碳排放之间的相互关系。

5. 2

中国农产品贸易隐含碳排放测度

鉴于隐含碳排放主要来源于石化、钢铁等工业生产，其中石化生产产生了 70% 的比例。因此，国际上通行的做法便是通过化石能源消耗量推算二氧化碳排放，且农业贸易隐含碳排放也是如此。

接续前面章节内容，本节内容应用瓦西里·里昂惕夫提出的投入产出分析法，对我国农产品贸易隐含碳排放量进行有效测度。根据多区域 MRIO 模型，基于投入产出的平衡关系，可建立各国投入产出矩阵，并由此引导出中国农产品贸易隐含碳排放测算公式如下，各指标的具体解释详见第 4 章相关内容。

中国农产品出口贸易隐含碳排放（C_a^{ex}）为：

$$C_a^{ex} = E_a (I - A^{11})^{-1} y_a^{ex}$$

中国农产品进口贸易隐含碳排放（C_a^{im}）为：

$$C_a^{im} = E_a (I - A^{11})^{-1} y_a^{im} \qquad (5.1)$$

则中国农产品进出口贸易中隐含碳排放的净平衡（C_a^b）为：

$$C_a^b = C_a^{ex} - C_a^{im}$$

如果 $C_a^b > 0$，则表示中国农产品出口所隐含的碳排放超过进口所隐含的碳排放，表明中国为农产品贸易碳排放净出口国，此时，中国即为农产品世界贸易的碳排放污染转入国；同理，如果 $C_a^b < 0$，则表示中国农产品进口所隐含的碳排放超过出口所隐含的碳排放，为农产品贸易碳排放净进口国，此时，中国即为农产品世界贸易的碳排放污染转出国；如果 $C_a^b =$

0，则表明中国为农产品进出口贸易的碳排放平衡国家。测度结果见 5 - 1。

表 5 - 1　　　　　2002 ~ 2011 年中国农产品进出口贸易隐含碳排放

年份	出口隐含碳排放（万 t 标准 CO_2）	变动率（%）	进口隐含碳排放（万 t 标准 CO_2）	变动率（%）	净出口隐含碳排放（万 t 标准 CO_2）	变动率（%）
2002	5 179. 58	—	3 909. 82	—	1 269. 76	—
2003	5 994. 21	15. 73	6 182. 10	58. 12	- 187. 89	- 114. 80
2004	8 535. 44	42. 39	10 342. 37	67. 30	- 1 806. 93	861. 70
2005	9 751. 01	14. 24	10 274. 88	- 0. 65	- 523. 87	- 71. 01
2006	10 479. 53	7. 47	10 802. 02	5. 13	- 322. 49	- 38. 44
2007	10 808. 36	3. 14	12 101. 56	12. 03	- 1 293. 2	301. 00
2008	10 019. 63	- 7. 30	14 540. 62	20. 15	- 4 520. 99	249. 60
2009	9 405. 88	- 6. 13	12 519. 40	- 13. 90	- 3 113. 52	- 31. 13
2010	11 289. 89	20. 03	16 616. 64	32. 73	- 5 326. 75	71. 08
2011	12 784. 98	13. 24	19 956. 75	20. 10	- 7 171. 77	34. 64

5. 3

碳排放与出口贸易增长的脱钩模型

5. 3. 1　脱钩的内涵

OECD（经济合作与发展组织）早在 2002 年为分析经济发展与环境污染间的关系，首次提出了"脱钩"的概念，这也是国内外学者最早将"脱钩指标"理论应用到经济活动的研究之中。自此之后，"脱钩"逐步成为估算经济社会发展与物质消耗或生态环境间压力状况、判断经济发展模式可持续性的重要手段（I. J. Lu，Sue J. Lin，Charles Lewis，2007；V. Andreoni，S. Galmarini，2012；Shenggang Ren，Hongyuan Yin，Xiao-Hong Chen，2014）。就去物质化来看，在经济发展上存在着弱去物质化和强去物质化两种情况。为此，脱钩就有了"强脱钩"和"弱脱钩"的区别，通常情况下，随时间推移物质消耗逐渐下降的情形被称作"强脱钩"，反之则被称作"弱脱钩"。这一定义在OECD的报告中也有所反映，只是说法有所差异，OECD把脱钩一般分成"绝对脱钩"和"相对脱钩"。由上述脱钩的概念可知，"绝对脱钩""相对脱钩""强脱钩"和"弱脱钩"本质上区别不大。在经济增长过程中，不仅存有脱钩现象，相反地情形亦可能发生。为此，有学者提出了复钩概念。因此，若将脱钩与复钩相结合，可能对理解脱钩的含义有较大帮助。维马斯（Jarmo Vehmas，2007）等便采取了上述分类方式，在其研究中率先将"脱钩"归为"强脱钩""弱脱钩""强复钩""弱复钩"和"扩张性复钩"，同时还界定了"衰退性脱钩"的内容，至于其关于"强脱钩"和"弱脱钩"的含义，则借鉴了德布鲁伊（DeBruyn，1998）的有关定义，并将环境压力和经济增长间的关联性定义为"强脱钩""弱脱钩""强复钩""弱复钩"和"扩张性复钩"五种情形，这对分析二者间的关系十分重要，但这种表述不一定就是完美的。例如，在满足条件ES［environmental stress，环境压力>0、GDP>0和（ES/GDP）>0］时，按照上述解释，是"扩张性复钩"。但是，在该现象前并没出现脱钩情形，而仅是持续表现为ES>0、GDP>0和（ES/GDP）>0时，用"复脱钩"不太合理，"耦合"一词才能更为精确描述这一情况，实际上也确实存在这种情形（Petri Tapio，2005）。因此，使用"负脱钩"代替"复钩"，且将"脱钩"分成以下类别，即"强脱钩""弱脱钩""衰退性脱钩""强负脱钩""弱负脱钩""扩张性负脱钩""扩张性耦合"（expansive coupling）及"衰退性耦合"（recessive coupling）等。上述几种类型脱钩具体含义，详见书中弹性分析法的内容。

上述表述，不难发现多数研究将脱钩归为"绝对脱钩"和"相对脱钩"，但亦有部分研究严格将"脱钩"描述为：不管GDP如何增长，物质消耗或环境压力也不会增加。该定义与前述的"强脱钩"或"绝对脱钩"的含义基本一致，但很显然该脱钩概念更严格。基于上述分析，笔者发现目前学界已经较为认同OECD所给出的脱钩定义。综上所述，在生态文明建设背景下，从时间序列维度来考察中国的农产品贸易增长与隐含碳排放的脱钩关系有合理性。

5.3.2　脱钩分析模型主要类型

1. 计量分析

计量方法主要借助回归分析得到环境压力与经济增长间的函数关系式，下一步利用相关系数来判别其脱钩情况，在此基础上，引入弹性分析方法来进一步对其脱钩程度进行量化及明确，因该方法通常可将其他因素纳入到回归方程中，一定程度上排除其他因素干扰，因此计量分析方法比弹性分析法更严谨，但采取该方法对数据质量要求更高，在相关统计资料缺乏的情况下，该方法的应用会受很大制约。

2. 差分回归系数方法

该方法即利用差分、回归分析手段对脱钩指数方法实现进一步完善，其具体差分过程表述如下：

$$P_t = \alpha + \beta d_t + \varepsilon_t$$

上式中 P_t 表示的是环境压力变量，而 d_t 则是相关驱动因素，它们均取自然对数形式，α 和 β 为参数，而 ε_t 表示残差。对该式求一阶差分，即为：

$P_t - P_{t-1} = \beta(d_t - d_{t-1}) + \varphi_t$，进行回归分析可得到 $\beta = \dfrac{P_t - p_{t-1}}{d_t - d_{t-1}}$，接着定义脱钩指数：$T'_{t_0,t_1} = 1 - \beta_0$。

该方法的判断准则如下：$T'_{t_0,t_1} < 0$ 为 "未脱钩"，$0 < T'_{t_0,t_1} < 1$ 为 "相对脱钩"，而 $T'_{t_0,t_1} > 1$ 则为 "绝对脱钩"。

与脱钩指数法相比，该方法在判断准则上较为精确，能将 "强脱钩" 和 "弱脱钩" 进行区分，与基于完全分解技术的方法比较，该方法并未对不同的驱动元素作用机理和程度加以区别。

3. 变化量综合分析法

所谓变化量综合分析法，就是基于环境压力、经济增长以及单位 GDP

环境压力等指标的改变量对脱钩类型及其程度大小进行综合认定，其认定标准详见表 5 - 2。至于脱钩程度的估算，变化量综合分析法非常简明，且对脱钩和复钩的研判与对脱钩和复钩的界定相同。然而，该方法依然存在明显的漏洞，如方法应用时未将两种脱钩或复钩类型间的临界状态进行区别。

表 5 - 2   经济增长与资源环境压力脱钩程度评判

脱钩程度	ΔGDP	ΔES	Δ（ES/GDP）
强复钩	<0	>0	>0
弱复钩	<0	<0	>0
扩张性复钩	>0	>0	>0
强脱钩	>0	<0	<0
弱脱钩	>0	>0	<0
衰退性脱钩	<0	<0	<0

4. 脱钩指数法

脱钩指数法的使用通常由两个步骤构成：第一步是对脱钩率进行计算；第二步则是计算脱钩指数，其具体公式如下：

$$Ratio = \frac{(EP/DF)_t}{(EP/DF)_0}$$

上式中，Ratio、EP、DF 分别表示脱钩率、环境压力和驱动因素，t 则是报告期。脱钩指数：Decoupling Factors = 1 - Ratio。脱钩指数的取值区间为（ -∞ ，1］，其中，当脱钩指数值位于 ∈（ -∞ ，0］时通常被认定为非脱钩状态，而当其取值位于 ∈（0，1］时，则说明分析期内是存在脱钩的。OECD 在使用脱钩分析法分析资源环境和农业政策问题时所采取的公式形式上一致，但含义略有区别。从脱钩指数值域上看，虽然 OECD 在其研究中对"绝对脱钩"和"相对脱钩"进行了区分，但通过其指数仅能分辨是否发生脱钩，而无法判断"绝对脱钩"和"相对脱钩"。此外，在一国经济处于衰退的过程中，也可能出现脱钩指数处于（0，1）区间上的情况。

5. 弹性分析法

所谓弹性分析法，就是借助于弹性理论对脱钩程度进行有效估算，该方法首先被应用在经济增长（GDP）与交通发展二者脱钩关系的分析之中，其表达式如下：

$$交通的 GDP 弹性 = \% \Delta CO_2 = \% \Delta GDP$$

$$CO_2 \text{ 排放量的交通弹性} = \% \Delta CO_2 / \% \Delta VOL$$

上述两式相乘，可得到：

$$CO_2 \text{ 排放量的 GDP 弹性} = \% \Delta CO_2 / \% \Delta GDP$$

弹性分析法判断准则依据维马斯（Vehmas，2007）的研究加以改进获得，两个准则的主要区别在于：一是用弹性（$\% \Delta VOL / \% \Delta GDP$）代替（$\Delta VOL / \Delta GDP$）；二是划分开了"衰退性耦合"和"扩张性耦合"区间（见图 5 – 1）。

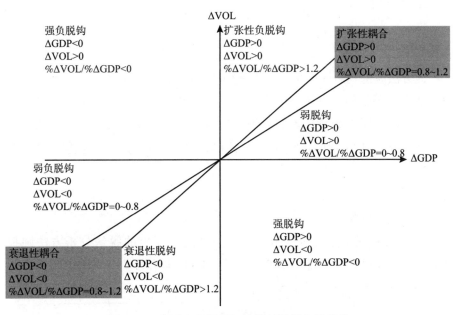

图 5 – 1　交通变化量同经济增长的耦合及脱钩

6. 基于完全分解技术的脱钩分析

该方法的脱钩测量思路如下：

在一个封闭的时期内，我们可利用下式对二氧化碳排放量的动态变化进行分解：

$$\Delta C_t = \Delta P_t + \Delta A_t + \Delta E_t + \Delta S_t + \Delta F_t$$

该分解式中：ΔC_t 是二氧化碳的排量变化；ΔP_t 表示产出效应，即经济产出增长所引起的碳排量变化；ΔA_t 是结构效应，即不同产业之间的产值比重差异所导致的碳排放量变化；ΔE_t 是能源密度效应，即能源消耗同单位产值之间的比值变化所引发的碳排放量变化；ΔS_t 是能源结构效应，即不同能源消费量分别所占比重；ΔF_t 为碳排放密度效应，指单位能源消耗所引发的碳排放量变化。

其中，$\Delta F_t = \Delta C_t - \Delta P_t$。脱钩指数为 T_t：

$\Delta P_t \geqslant 0$ 时，$T_t = -\dfrac{\Delta F_t}{\Delta P_t}$

$\Delta P_t < 0$ 时，$T_t = \dfrac{\Delta F_t - \Delta P_t}{\Delta P_t}$

此方法脱钩判断标准是：当 $T_t \geqslant 1$ 时，可认定其为强脱钩；当 $0 < T_t < 1$ 时，认定为弱脱钩；当 $T_t < 0$ 时，则为非脱钩。

该方法与脱钩指数法就脱钩类型的划分基本相同，另外基于完全分解技术的脱钩分析在判断准则上更为精确，可有效区分"强脱钩"和"弱脱钩"。

7. IPAT 模型

IPAT 方程经常用于脱钩分析中，但据此开发出的脱钩分析方法则报道较少。陆钟武、毛建素（2003）利用 IPAT 推导出了一个用于脱钩评价的判断方法，其具体环节表示如下：

$$I = P \times \frac{GDP}{P} \times \frac{I}{GDP} = PAT$$

上式中，I 是环境冲击，P 为人口，$\dfrac{GDP}{P} = A$，$\dfrac{I}{GDP} = T$。

IPAT 方程可定义为 GDP 与技术 T 的关系式，即 I = T × GDP。另外 i、g 和 t 分别表示的是 I、GDP 和 T 的年变化率。经推导获得单位 GDP 环境载荷年降低率的临界状态为：

$$t_k = \frac{g}{1+g}$$

以临界值 t_k 为依据，设定如下脱钩判断准则：一是，当 $t = t_k$，环境载荷或物质消耗与经济增长脱钩；二是，当 $t < t_k$ 时，环境载荷或物质消耗随 GDP 增长逐年提升；三是，当 $t > t_k$ 时，环境载荷或物质消耗随 GDP 增长逐年下降，也呈脱钩状态。

鉴于各类脱钩模型的优劣，目前在实际研究中仅有 OECD 的脱钩模型和 Tapio 脱钩模型得到了国内外学者的普遍认同，且后者是在前者的基础上发展而来的，因而成为当前脱钩分析使用频率最高的方法。基于此，在本书即将展开的实证研究中，笔者也将选用 Tapio 模型（2005）进行分析。

5.3.3　基于 Tapio 模型的农业贸易增长与隐含碳排放脱钩关系研究

本节内容主要是利用 Tapio 脱钩模型对 2002~2011 年中国农业出口贸易额与其隐含碳排放量间的脱钩关系进行估算。具体而言，是利用 Tapio 脱钩模型且通过变换相应变量，构建农业出口贸易额与中国隐含碳排放量的脱钩模型，即

$$t_{CO_2, EXP} = \frac{\Delta CO_2 / CO_2}{\Delta EXP / EXP} \tag{5.2}$$

其中：$t_{CO_2, EXP}$ 表示隐含碳排放与农业出口贸易额之间的脱钩弹性指数；CO_2 为隐含碳排放量，ΔCO_2 是其变化值；EXP 表示当期农产品出口贸易额，ΔEXP 为其变化量。另外，依照塔皮奥（Tapio，2005）的相关研究，本书将弹性指数值划分为"强脱钩""弱脱钩""扩张性负脱钩"等6 类形式。其中，"强脱钩"表示最优情形，"强负脱钩"表示最差情形，"强脱钩"属于相对乐观的状态，而余下情形均不可持续，对这 6 类脱钩类型的各自具体解释说明可参见表 5-3。

表 5 – 3 各种脱钩类型的释义

编号	脱钩类型	出口贸易增长与农业隐含碳排放的脱钩状态
1	A	出口贸易增长率 > 0，隐含碳排放增长率 < 0
2	B	出口贸易增长率 < 0，隐含碳排放增长率 > 0
3	C	出口贸易增长率 > 0，隐含碳排放增长率 > 0，且前者增长率高于后者
4	D	出口贸易增长率 > 0，隐含碳排放增长率 > 0，且前者增长率低于后者
5	E	出口贸易呈现负向增长，隐含碳排放处于下降态势，且前者下降速率高于后者
6	F	出口贸易呈现负向增长，隐含碳排放处于下降态势，且前者下降速率低于后者

注：A、B、C、D、E、F 分别对应着"强脱钩""强负脱钩""弱脱钩""扩张性负脱钩""弱负脱钩""衰退性脱钩"。

式（5.2）中，当农业出口贸易额保持持续增长（即 $r_{EXP} = \dfrac{\Delta EXP}{EXP} > 0$）时，$t_{CO_2,EXP}$ 值越低表明两者脱钩程度越高，对一国经济社会可持续发展是有利的。本小节内容为明晰我国农业出口贸易增长与隐含碳排放的脱钩状况，构造了农业出口贸易增长与隐含碳排放脱钩的评价模型，如图 5 – 2 所示。

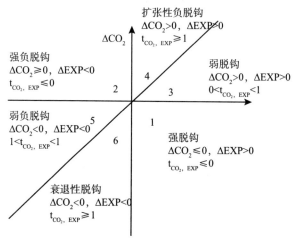

图 5 – 2 农业出口贸易与碳排放脱钩度量模型

5.3.4　Tapio 模型扩展形式及隐含碳排放驱动因素分解

结合式（5.2）和塔皮奥（2005）脱钩模型，可得：

$$t_{CO_2,EXP} = \frac{(\Delta CO_2 \times EXP)}{(CO_2 \times \Delta EXP)} \qquad (5.3)$$

式（5.3）中的碳排放量通常是利用能源消费量测算而来。进一步，可将式（5.3）所测算出的碳排放量用 Kaya 恒等形式表示为：

$$CO_2 = \frac{CO_2}{E} \times \frac{E}{EXP} \times \frac{EXP}{P} \times P \qquad (5.4)$$

然而因为 Kaya 恒等式考虑因素较少，分解深度不够，本节将对该模型进行适当扩展，并最终构建如下的因素分解模型：

$$CO_2 = \sum_k CO_{2,k} = \sum_k \left(\frac{E_k}{E} \times \frac{CO_{2,k}}{E_k} \times \frac{E}{EXP} \times P \right) = S_k \times F_k \times I \times A \times P$$

$$(5.5)$$

式（5.5）中，CO_2 是碳排放量；$CO_{2,k}$ 是 k 种能源的碳排放量；E 是一次能源消耗；E_k 是第 k 种能源的消耗；EXP 是农产品出口贸易额；P 为人口数量。能源结构表示为 $S_k = \frac{E_k}{E}$，即第 k 种能源在一次能源消费中所占的比例；能源碳排放强度用 $F_k = \frac{CO_{2,k}}{E_k}$ 表示，即消费单位 k 种能源所引发的碳排放量；能源效率表示为 $I = \frac{E}{EXP}$，即单位 EXP 能耗；人均出口额表示为 $A = \frac{EXP}{P}$。因此，引起碳排放量变化的因素有 S_k（能源结构变化）、F_k（能源碳排放强度变化）、I（能源效率变化）、A（人均出口额变化）以及 P（人口数量变化）等因素。

据此，t 时期相对于基期（t_0）的隐含碳排放量可表示为：

$$\Delta CO_2 = CO_2^t - CO_2^0 = S_k^t \times F_k^t \times I^t \times A^t \times P^t - S_k^0 \times F_k^0 \times I^0 \times A^0 \times P^0$$

$$= \Delta C_S + \Delta C_F + \Delta C_I + \Delta C_A + \Delta C_P + \Delta C_{rsd} \qquad (5.6)$$

$$= D = \frac{CO_2^t}{CO_2^0} = D_S D_F D_I D_A D_P D_{rsd} \qquad (5.7)$$

其中，ΔC_S、D_S 为能源结构要素，ΔC_F、D_F 表示能源碳排放强度要素，ΔC_T、D_T 是能源的效率要素，ΔC_A、D_A 是出口增长要素，ΔC_P、D_P 是人口要素，ΔC_{rsd}、D_{rsd} 是分解余量。式（5.6）中 ΔC_S、ΔC_F、ΔC_I、ΔC_A、ΔC_P 是各因素对碳排放总量变化的贡献值。

目前已有较多学者论证表明：上述两种方法得出的结论基本一致，因此本章内容为便于理解选择了加法形式。基于式（5.7），采用安格（B. W. Ang, 2013）等人提出的 LMDI 分解方法，对式（5.7）进一步分解，各因素分解如下：

$$\Delta C_S = \sum W' \ln \frac{S^t}{S^0}; \quad \Delta C_F = \sum W' \ln \frac{F^t}{F^0}; \quad \Delta C_I = \sum W' \ln \frac{I^t}{I^0}; \quad \Delta C_A =$$

$$\sum W' \ln \frac{A^t}{A^0}; \quad \Delta C_P = \sum W' \ln \frac{P^t}{P^0}$$

其中，$W' = \dfrac{CO_2^t - CO_2^0}{\ln(CO_2^t/CO_2^0)}$，可对 ΔC_{rsd} 作如下变形：

$$\Delta C_{rsd} = \Delta CO_2 - (\Delta C_S + \Delta C_F + \Delta C_I + \Delta C_A + \Delta C_P)$$

$$= CO_2^t - CO_2^0 - \sum W' \left(\ln \frac{S^t}{S^0} + \ln \frac{F^t}{F^0} + \ln \frac{I^t}{I^0} + \ln \frac{A^t}{A^0} + \ln \frac{P^t}{P^0} \right)$$

$$= CO_2^t - CO_2^0 - \sum W' \ln \frac{S^t F^t I^t A^t P^t}{S^0 F^0 I^0 A^0 P^0}$$

$$= CO_2^t - CO_2^0 - \sum W' \ln \frac{CO_2^t}{CO_2^0}$$

于是：$\Delta C_{rsd} = 0$ （5.8）

为此，隐含碳排放变化量可以表示为：

$$\Delta CO_2 = \Delta C_S + \Delta C_F + \Delta C_I + \Delta C_A + \Delta C_P \qquad (5.9)$$

联立式（5.8）和式（5.9），在隐含碳排放驱动因素模型的基础上，可将扩展的隐含碳排放量与农业出口贸易的脱钩模型进一步分解为：

$$t_{CO_2, EXP} = \Delta CO_2 \times \frac{EXP}{CO_2 \times \Delta EXP} = (\Delta C_S + \Delta C_F + \Delta C_I + \Delta C_A + \Delta C_P) \times \frac{EXP}{CO_2 \times \Delta EXP}$$

$$= \frac{\Delta C_S/CO_2}{\Delta EXP/EXP} \times \frac{\Delta C_F/CO_2}{\Delta EXP/EXP} \times \frac{\Delta C_I/CO_2}{\Delta EXP/EXP} \times \frac{\Delta C_A/CO_2}{\Delta EXP/EXP} \times \frac{\Delta C_P/CO_2}{\Delta EXP/EXP}$$

即，$t_{CO_2, EXP} = t_S + t_F + t_I + t_A + t_P$ （5.10）

式（5.10）中，t_S、t_F、t_I、t_A、t_P 均是对应的脱钩弹性分指标。因此

本章研究的农业出口额与隐含碳排放量的脱钩弹性指数 $t_{CO_2,EXP}$ 可分解成出口增长脱钩弹性 t_A、人口数量脱钩弹性 t_P、能源结构脱钩弹性 t_S、能源碳排放强度脱钩弹性 t_F、能源效率脱钩弹性 t_I。

5.4

实证结果及分析

5.4.1　农产品出口贸易额与隐含碳排放总量的脱钩特征

　　数据来源上，主要利用《中国统计年鉴》《联合国粮农组织统计数据库（FAOSTAT）》《中国海关统计年鉴》等所提供的各年中国农产品出口贸易额，结合式（5.1）测算的历年农业出口隐含碳排放量，根据式（5.2）即可测算出脱钩弹性系数，并判别其脱钩情况。接下来将从整体和农业分行业两个角度系统判别农业出口贸易增长与隐含碳排放的脱钩特征。

1. 农产品出口贸易额与出口隐含碳排放的脱钩关系实证分析

　　利用前面所构建的脱钩模型进行估算，可得出我国 2002～2011 年农产品出口隐含碳排放与出口贸易增长的脱钩状况如表 5-4 所示：

表 5-4　　中国 2002～2011 年农产品出口隐含碳排放与出口贸易脱钩特征

年份	$\Delta CO_2/CO_2$	$\Delta EXP/EXP$	t	脱钩情况
2002～2003	0.1573	0.1756	0.8957	弱脱钩
2003～2004	0.4239	0.0243	17.4507	扩张性负脱钩
2004～2005	0.1424	0.1918	0.7427	弱脱钩
2005～2006	0.0747	0.0963	0.7760	弱脱钩
2006～2007	0.0314	0.2551	0.1230	弱脱钩
2007～2008	-0.0730	0.0879	-0.8301	强脱钩

续表

年份	$\Delta CO_2/CO_2$	$\Delta EXP/EXP$	t	脱钩情况
2008～2009	－0.0613	－0.0321	1.9089	弱负脱钩
2009～2010	0.2003	0.2368	0.8458	弱脱钩
2010～2011	0.1324	0.2124	0.6235	弱脱钩

表5－4显示，从总体来看，中国农产品2002～2011年的出口贸易与出口隐含碳排放间的脱钩状况趋于稳定，即趋向"弱脱钩"的状态，因此中国农产品出口贸易增长与碳排放间基本呈正相关关系。其中，2002～2003年，2004～2007年，2009～2011年均为"弱脱钩"，2003～2004年为"扩展性脱钩"，2007～2008年为"强脱钩"，而2008～2009年则为"弱负脱钩"。此外，2002～2011年中国农产品出口贸易额的平均增速是13.5%，而同期出口隐含碳排放的平均增速是10.6%，显然前者增速要明显快于后者。

2. 分行业出口贸易额与农业碳排放间的脱钩联系

当前我国农业生产活动产生了大量碳排放，碳源主要有农用物资的使用及畜禽养殖排放。通过对历年来的中国农产品出口商品结构进行考察，从中不难发现，90%以上的出口贸易额源自初级农产品制品，其中农林牧渔服务业数据几近可忽略不计，因此我国农产品贸易在推动农业经济增长方面发挥积极作用的同时，也带来了大量的碳排放。由此本节接着研究了各农业分行业出口贸易与隐含碳排放间的脱钩情况（鉴于数据获取可得性及连续性，研究时选取了14个农业行业进行分析）。因为农业分行业的资源消耗数据与海关统计口径中的行业分类标准并不一致，所以为保持不同行业的分类具有可比性，需对农业分行业进行技术上的分类归并。具体操作上，书中主要依据的是《国民经济行业分类标准》（CB/T 4754－2011），并参考了张晓平（2009）分类法，把我国农业出口商品归并成15个主要行业，详见表5－5。

表 5 - 5　　　　　　　　　　海关出口商品的行业归并与分类整理

代码	海关产品分类	统计年鉴行业分类
1	6 ~ 11 章，14 ~ 16 章	农业
2	13 章	林业
3	第 1 类 1 ~ 2 章，4 ~ 5 章	畜牧业
4	第 1 类第 3 章	渔业
5	16 ~ 20 章	农副食品加工业
6	21、23 章	食品制造业
7	第 4 类 22 章	酒、饮料和精制茶制造业
8	第 4 类 24 章	烟草制品业
9	第 11 类 50 ~ 60 章	纺织业
10	第 11 类 61 ~ 63 章	纺织服装、服饰业
11	第 12 类	皮革、毛皮、羽毛及其制品和制鞋业
12	第 9 类 44 ~ 46 章	木材加工和木、竹、藤、棕、草制品业
13	第 9 类	家具制造业
14	第 10 类	造纸和纸制品业
15	—	农、林、牧、渔服务业

注：本研究中的农业为大农业范畴，各行业划分参照国家统计局《国民经济行业分类》中关于农产品加工统计标准的划分。据了解 2013 年农产品加工产值包含范围有变化，（行业代码 2900）橡胶和塑料制品业中只计算（行业代码 2910）橡胶制品业，（行业代码 2920）塑料制品业不再计算，然而为了保持研究统计资料数据的连贯性，本项研究中均包含了上述分类。我国农、林、牧、渔服务业出口相关数据无法获取，因而具体分析中做了简化处理，具体分析中仅包含 14 个农业行业分类。

　　分析所用数据出自《联合国粮农组织统计数据库（FAOSTAT)》、《中国贸易外经统计年鉴》（2003 ~ 2012）以及《中国海关年鉴》（2003 ~ 2012）。经由式（5.1）和式（5.2）计算，对中国 2002 ~ 2011 年农业分行业出口贸易与其隐含碳排放间的脱钩特征进行估算，具体结果见表 5 - 6。

表5-6   中国2002～2011年农业分行业出口贸易与隐含碳排放脱钩状态判别

年份	1	2	3	4	5	6	7
2002～2003	A	A	C	D	A	A	C
2003～2004	E	E	C	C	A	C	C
2004～2005	C	C	C	B	E	C	A
2005～2006	C	C	C	C	C	C	C
2006～2007	C	C	D	C	C	C	C
2007～2008	C	C	C	C	D	E	C
2008～2009	E	E	A	E	C	C	C
2009～2010	C	A	C	C	C	B	A
2010～2011	D	D	D	C	D	B	C

年份	8	9	10	11	12	13	14
2002～2003	A	C	A	D	A	C	A
2003～2004	E	C	C	C	E	C	C
2004～2005	D	A	A	C	A	C	C
2005～2006	C	C	B	D	A	A	A
2006～2007	A	C	C	E	B	E	A
2007～2008	D	C	C	E	B	E	A
2008～2009	E	A	C	D	C	C	A
2009～2010	E	D	C	V	C	E	C
2010～2011	D	C	C	D	C	A	E

注：A、B、C、D、E、F分别对应着"强脱钩""强负脱钩""弱脱钩""扩张性负脱钩""弱负脱钩""衰退性脱钩"。

表5-6反映了2002～2011年14个农业分行业的出口贸易增长与农业出口隐含碳排放的脱钩情况，从各行业的出口贸易增长和隐含碳排放特征来看：一是，农业，林业，渔业，农副食品加工业，烟草制品业，纺织业，皮革、毛皮、羽毛及其制品和造鞋业的脱钩状态趋于一致，先由强脱钩到弱脱钩，再到弱负脱钩，最后又呈扩张性的脱钩状态，一来表明农产品出口额增长对环境资源依赖程度不断提高，另外，还得出出口隐含碳排放增加幅度高于农产品出口贸易额增长幅度，由此说明部分农业分行业其

出口贸易比较优势状况不具有可持续性，可初步预计未来若干年内，我国优势农产品出口遇到的阻力将更大；二是，渔业，酒、饮料和精制茶制造业，纺织服装、服饰业，木材加工和木、竹、藤、棕、草制品业的脱钩情况相类似，经历了弱（强）到强（弱负），再到弱脱钩的历程；三是，食品制造业和家具制造业，呈现了较为明显的弱脱钩向强脱钩的转变，表明上述两个行业出口贸易增长对国内资源环境消耗依赖较小，出口相对具有比较优势。

5.4.2　驱动因素分解

前面就农产品出口贸易额与其隐含碳排放间的脱钩关系进行相关分析，但其判断仍存在较大局限性，即无法解释农产品出口贸易增长作用于其隐含碳排放的内在机制以及各个因素的影响程度。基于此，本小节将创造性地将 LMDI 因素分解方法引入到 Tapio 脱钩模型，以此弥补现有研究的不足。按照式（5.6）~（5.10），可测算出各效应对应的分脱钩弹性指标，其结果见表 5 - 7。

表 5 - 7　　　2002 ~ 2011 年中国农产品出口贸易增长与隐含
碳排放与脱钩弹性指数分解

年份	t_S	t_F	t_I	t_A	t_P	$t_{CO_2,EXP}$
2002 ~ 2003	0.0986	0.0116	- 0.9011	0.7658	0.7706	0.7457
2003 ~ 2004	0.9240	0.0559	- 1.1441	0.3529	0.6514	0.8401
2004 ~ 2005	0.2538	0.2077	- 1.3483	0.9273	0.9155	0.9560
2005 ~ 2006	0.2289	0.0148	- 1.2321	0.4583	0.6056	0.0754
2006 ~ 2007	- 0.3116	- 0.0534	- 1.4254	0.7928	0.6193	- 0.3783
2007 ~ 2008	- 0.1480	- 0.02354	- 1.2219	0.2500	0.3903	- 0.7531
2008 ~ 2009	- 1.0210	0.0220	- 1.1539	- 0.0302	0.3491	- 1.8340
2009 ~ 2010	0.0985	0.0157	- 1.4032	1.0328	0.9313	0.6750
2010 ~ 2011	0.0649	0.0093	- 0.8563	0.9046	0.8426	0.9651

对照表 5-4 和表 5-7，本节对 2002~2011 年这一考察期内中国农产品出口贸易额增长与其隐含碳排放之间的脱钩状态将分成两个阶段进行阐述。

（1）第一阶段：2002~2007 年。伴随着 2001 年中国加入世贸组织（WTO），其农产品国际市场竞争力得到了极大提升，但同时也引发了各类资源消耗的快速增长。在 2002~2007 年，我国农产品出口贸易额年均增长 14.57%，农产品出口隐含碳排放年均增速更是高达 15.85%，因此该阶段农业出口隐含碳排放与农产品出口贸易增长脱钩关系为"扩张性脱钩"。

（2）第二阶段：2008~2011 年。各国在次贷危机的影响下表现疲软的同时，中国农产品出口贸易仍保持了较高的增长速度，年均增长高达 21.29%。同时期，我国农业碳排放增长速度总体趋缓，增长水平为 1.43%，但农产品出口隐含碳排放年均增长仍高达 8.46%。一方面农业出口隐含碳排放与农产品出口贸易增长呈"弱脱钩"状态，但另一方面农业碳排放较 2002~2007 年有较大程度的提高，这不得不令人进行深入反思。

综合前述分析，资源结构脱钩弹性（t_S）和资源利用效率脱钩弹性（t_I）是影响中国出口贸易增长和农业碳排放脱钩弹性的关键要素，但农产品出口增长脱钩弹性（t_A）、资源碳排放强度脱钩弹性（t_F）及人口数量脱钩弹性（t_P）等对其并不构成显著影响。因此，要实现农产品出口贸易增长和农业碳排放的脱钩，关键在于努力降低隐含碳排放强度，而不仅仅寄希望于降低人均农产品出口额，尤其要及时调整涉及农业出口贸易行业的产业结构，优化配置资源分配，集约节约利用现有资源，不断开发新能源产品等，优化农业资源的消费结构。

5.5

结论

本章借助 IPCC 第四次评估报告（2007）估算的 2002~2011 年中国农业出口隐含碳排放量与同期农产品出口贸易数据，对中国农产品出口贸易增长与其隐含碳排放的脱钩关系进行了相关分析；在此基础上，创造性地将 LMDI 因素分解法引入到 Tapio 模型中，对 2002～2011 年农产品出口贸易引起的农业碳排放，从资源结构脱钩弹性（t_S）和资源利用效率脱钩弹性（t_I）、农产品出口增长脱钩弹性（t_A）、资源碳排放强度脱钩弹性（t_F）及人口数量脱钩弹性（t_P）方面进行了分解。结果表明：

第一，从总体来看，出口导向型贸易模式下，2002～2011 年，中国农产品出口贸易与出口隐含碳排放之间呈现长期的"弱脱钩"关系，其弹性值为 0.78，即农产品出口贸易增长 13.46%，则出口隐含碳排放增加 10.56%。该实证结果表明，一方面贸易增长在促进本国经济增长中带来了大量碳排放，另外也因为进口国的农产品需求产生了大量碳，存在着"碳排放转移"的情形。

第二，从农业分行业来看，食品制造业和家具制造业，实现了农业碳排放与产品出口贸易间脱钩关系由"弱脱钩"向"强脱钩"的转化；然而，同期我国大部分出口型农业行业的碳排放强度剧增，尤其是农业，林业，渔业，农副食品加工业，烟草制品业，纺织业，皮革、毛皮、羽毛及其制品和制鞋业，其脱钩状态近年呈加速"扩张性脱钩"状态趋势，表明传统比较优势农产品出口增长对资源消耗的依赖性更强，迫切需要加快生产方式和出口方式转型。

第三，从五因素分解的结果来看，在 2002～2011 年，资源结构脱钩弹性（t_S）和资源利用效率脱钩弹性（t_I）是影响中国农产品出口贸易增长和农业隐含碳排放脱钩弹性的主要因素，而农产品出口增长脱钩弹性（t_A）、资源碳排放强度脱钩弹性（t_F）及人口数量脱钩弹性（t_P）对农业隐含碳排放与农产品出口贸易增长间的解耦关系有一定积极作用，但仍不够显著。

5.6

启示

一是，发展内涵式农业生产，稳步提高农业产业技术创新能力，力争从源头减少农业碳排放。抓住生态文明建设重大战略机遇，加快转型步伐，更多借助市场机制的作用来引导农业的生产、强化农业资源的配置、优化生产结构，引导新技术的推广和农业劳动生产率的提升，最终实现农业生产企业及出口企业的"节能减排"。

二是，加快农业生产和贸易方式转型，在此基础上逐步优化农产品出口结构。具体而言，应尽可能减少高碳排放出口产品的占比，不断提高低碳排放高附加值出口产品的比重，以此保证我国农产品出口贸易可持续增长。

三是，从对外贸易关系营造上，政府有关部门要继续推进构建起"碳生产国"和"碳消费国"利益分享、责任共担的贸易核算体制。鉴于中国大量的碳排放产生的根源在于为满足国外居民日常生产生活所需，因此诸多出口农产品消费国同样也是出口贸易国碳排放的责任主体，有义务参与农产品出口国的碳减排任务，由此才能最终为农业出口贸易创造良好的国际贸易环境。

第 *6* 章

碳减排的国际经验及启示

为了保证后续对农产品贸易隐含碳减排政策建议的针对性与可行性，本章将以外国作为研究对象，探讨其在减碳方面的一些好的做法与经验；在此基础上，阐述国际经验对中国构建农产品贸易隐含碳排放应对机制的一些启示。具体而言，本章内容分为五节：6.1节将探讨碳减排的国际制度框架；6.2节分析碳减排的政策工具；6.3节为具体的欧盟减碳政策分析；6.4节探讨国际经验对我国构建农产品贸易隐含碳排放应对机制的启示；6.5节是对本章内容进行小结。

6.1
碳减排的国际制度框架

6.1.1 联合国气候变化框架公约

20世纪70年代以来，气候变化问题逐渐引起人们的广泛关注。1979年2月，在瑞士日内瓦召开了第一次世界气候大会，大会代表对"气候与人类"的主题进行了热烈地讨论，并发表了关于国际气候变化问题的重要声明。日内瓦世界气候大会后，对气候变化问题的关注出现在一系列重要的国际会议上，并逐渐成为会议讨论的重点。在此背景下，1988年政府间气候变化专门委员会（即IPCC）诞生，它是由世界气象组织和联合国环境规划署共同成立的一个政府间机构，该组织的成立具有重要的现实意义，其以成员国的优秀学术成果为主要依据，编撰形成《气候变化评估报告》，以此来评估世界气候的变化，该报告在国际气候框架中具有重要地位。IPCC 先后于 1990 年、1995 年、2001 年、2007 年和 2013 年出具了 5 份气候评估报告，针对气候变化问题进行了科学的论证，论证结果均表明全球气候正在逐渐变暖。1992 年 5 月 9 日，在联合国总部纽约与会国热烈讨论并一致通过了《联合国气候变化框架公约》（UNFCCC，以下简称《公约》），并在同年 6 月里约热内卢召开的地球峰会上，由与会的 154 个国家和地区的领导人共同签署。《公约》的最终目标为：为防止气候受到人为干扰出现危险的状况，必须将大气中温室气体的浓度控制在一个既定水平。这一既定水平应当达到以下三个目标：第一，保证生态系统在气候不断变化的前提下能够自然地适应；第二，确保人类粮食安全免受气候变化的威胁；第三，实现世界经济的可持续发展，满足人类不断发展的需要。

在"共同承担但有区别"这一核心责任原则的前提下，《公约》将缔约方按照经济发展程度不同的方法分为三类：第一类为经济发达国家缔约方和其他缔约方，主要指工业化国家和正在朝市场经济过渡的国家或地区，例如美国、日本、欧盟等这些缔约方国家或地区应积极制定关于气候变化的国家政策和采取相应的措施，并通过有效地限制人为的温室气体排放，同时保护和增强其温室气体库和汇，以达到减缓气候变化的目的；第二类同为经济发达国家缔约方和其他缔约方，与第一类的区别在于这些缔约方不需要承担具体的削减温室气体排放的责任，但其必须提供减排所必需的资金、相关的技术以及人才等方面的援助，帮助发展中国家实现削减温室气体排放的目标，除此之外，第二类缔约方还应帮助特别易受到气候变化所产生的不利影响的发展中国家，为其提供资金上的支持；第三类则为经济欠发达的发展中国家缔约方，根据《公约》规定，这一类缔约方不承担削减义务，以免影响其经济的发展。这一类发展中国家能够接受发达国家提供的资金、技术等援助，但不得因此而出卖排放指标，发达国家缔约方对其所承担的提供有关资金支持和技术转让承诺的有效履行将在很大程度上影响发展中国家缔约方有效履行其在本《公约》下的承诺，换言之，即发展中国家不得出卖排放权在很大程度上取决于是否能够有效得到发达国家的资金、技术等的援助，因为经济发展和社会的进步是发展中国家必须放在首位的事项。

　　该《公约》的面世，表明人类对气候问题的重视并积极寻找解决之道。《公约》是国际上首个旨在控制全球温室气体的排放，以防止因全球气候变暖而给人类的发展带来不利影响，以保障人类健康可持续发展的国际性公约。此《公约》同时也是在对付全球气候变化纷繁的问题上，当前国际社会进行国际合作的一个最基本、最主要的框架，它奠定了气候问题国际合作的基调，影响深远。但该《公约》缺乏具体和实质的关于附件 I 中的缔约国和其他缔约国的排放限制的承诺，也没有对个别缔约方规定具体需承担的义务，更没有规定实施机制，故在具体的方面缺乏可操作性。概括而言，该《公约》是国际社会最基本的气候变化合作制度框架，但由于缺少法律上的约束力，该《公约》对温室气体的减排作用并不明显。

6.1.2　京都议定书

　　《联合国气候变化框架公约》虽然为国际合作提供了制度框架，但由于缺乏实际的法律约束力等的限制，此时国际上更需要一个具有一定法律意义的制度给国际合作注入新的活力。1997 年 12 月，在日本东京召开的缔约国第三次会议通过了《京都议定书》。相比于五年前的《公约》，《京都议定书》的内容更为具体，且增加了一些新内容，同时是带有约束性条款的国际性法案，也是对《公约》的补充和具体落实。

　　《京都议定书》条款内容中规定了缔约国中发达国家及地区的强制性减排责任：到 2010 年，缔约方中所有发达国家 CO_2、CH_4、N_2O 等 6 种主要温室气体的排放量在 1990 年的基础上减少 5.2%，《京都议定书》中对缔约国规定了较为详细的、有差别的减排指标（见表 6 - 1），这是议定书最为关键的成果之一。

表 6 - 1　　　《京都议定书》附件 I 主要国家及地区碳减排目标

国家及地区	碳减排目标（1990 ~ 2008/2010）
欧盟	- 8%
美国[①]	- 7%

续表

国家及地区	碳减排目标（1990~2008/2010）
日本、加拿大②	-6%
俄罗斯、乌克兰、新西兰	0
挪威	1%
澳大利亚	8%
冰岛	10%

注：①美国曾于京都会议第二年签署了《京都议定书》。到2001年3月，美国政府以减排会影响经济发展以及减排任务的不平等为借口，从而宣布拒绝批准《京都议定书》。

②2011年12月，加拿大也公开宣布不再履行《京都议定书》的条约，是继美国之后的第二个签署了协议但后又退出的国家。

资料来源：《京都议定书》附件B。

议定书另外一项具有创造性的成果是规定了三种灵活的机制（简称京都机制）来帮助缔约国实现其减排目标。（1）联合履行机制（JI），这个机制是以项目为基础的合作机制，其实施的目的是通过项目合作减少减排的成本，帮助实现减排高成本的国家去往成本低的国家实施减排的项目。一般而言，减排成本较高的国家为发达国家，成本较低的则发展中国家居多，因此联合履行机制可以促进发达国家实现减排而发展中国家实现经济发展的双赢目的。（2）清洁发展机制（CDM），该机制是《京都议定书》下面的一个重要的弹性机制。因为发达国家的减排成本过高，其不愿牺牲经济发展和人们生活水平而降低能耗，达到规定的减排目标难度较大。这个机制允许附件I国家（均为发达国家）帮助发展中国家实施减排的项目，达到减排的目的，通过项目实现的减排额可以算作其规定减排的指标任务中的额度。（3）排放贸易机制（EI），本机制是《京都议定书》最为灵活的履约机制之一。机制的核心是允许发达国家之间相互交易碳排放额度。通过有效的方式，例如碳排放权交易，实现温室气体排放的转让，让没有能力减排的国家付出经济代价，有能力减少更多排放的国家获得一定经济利益补偿，在不影响全球气候完整性的前提下也限制了更多的温室气体排放。

《京都议定书》在人类共同保护气候的进程中具有重要的历史意义。它是人类历史上首次以国际法的形式对特定国家的碳减排做出了具体的要求，并规定了温室气体减排的具体时间表，在国际环境事务中是一个重大的突破。《京都议定书》在履约机制上的设计上采取了较为灵活的方式，可以让成员国根据自身的条件选择执行协定，不仅体现了国际环境协定，其中的排放贸易机制在很大程度上可以看成一个国际贸易的协定。但同时也要看到《京都议定书》存在着一定的不足之处：其具体排放目标的确定似乎只是政治妥协，而缺乏充分的科学支撑；其京都机制的设计和规定有些过于简单，例如贸易排放机制只在议定书里稍微提及，并没有做出详细说明以及如何实现，导致后来国际气候谈判反复无常的局面经常出现。

6.1.3　后京都议定时代——国际气候协议的新进展

2007 年 12 月，UNFCCC 第 13 次缔约国会议在印度尼西亚巴厘岛举行，这是京都会议后规模最大的一次联合国气候变化大会，本次大会形成了一项新的大会议程，即"巴厘路线图"，路线图对应对气候变化谈判的关键议题规定了议程。按此要求，会议主要为达成两方面的协议而努力，一方面，对减排做出承诺的发达国家要继续履行《京都议定书》的规定，完成其承诺的 2012 年以后实现温室气体的大幅减排；而另一方面，未做出减排承诺的发展中国家（包括应该而未签署《京都议定书》的一些国家）要采取更加坚定的措施应对气候的变化，此所谓的"双轨"谈判。对这一谈判的期限维持两年，到 2009 年必须完成 2012 年后的关于应对气候变化问题新的谈判安排。"巴厘路线图"将美国等未签订《京都协定书》的一些国家纳入减排的行动中来，强调国际合作成为此次会议的亮点，但会议的不足在于，在减排的责任和义务上发达国家同发展中国家存在着巨大的分歧，使得原定的气候谈判取得的进展有限，进行得十分缓慢，故而会议没有达到预期，成果不大。

2009 年 12 月 7～18 日，UNFCCC 第 15 次缔约国会议暨《京都议定书》第 5 次缔约方会议在丹麦首都哥本哈根召开。根据"巴厘路线图"的规定，此次哥本哈根召开的联合国气候变化大会将会通过一份新的议定书，即《哥本哈根议定书》，以此来代替 2012 年到期的《京都议定书》。焦点问题主要集中在"责任共担"的原则，《哥本哈根议定书》的重要作用主要表现在以下三方面：首先，表现为对《公约》和《京都议定书》坚定的支持作用，继续履行"共同但有区别的责任"的减排原则；其次，分别部署和安排了发达国家以及发展中国家的减排工作，规定了发达国家必须实行强制减排而对发展中国家采取自愿减排；最后，对全球碳减排的合作工作做了部署，对减排目标以及资金技术等一系列的焦点问题达成了广泛共识。这次会议被称为"拯救人类最后一次机会"的会议，是对《京都议定书》强有力的支撑，具有划时代的意义，对地球的气候变化走向产生极其重要的影响。《哥本哈根议定书》最大的缺陷是没有法律的强制约束力，这使得这份会议成果显得软弱无力。此外，发展中国家自身没有积极采取减排行动，而是寄希望于通过发达国家履行减排义务，从而对发展中国家实施资金、技术等支持计划。显然，发达国家是根据其自身的利益决定其减排目标等，故这份协议在这一方面不能使广大发展中国家满意。

哥本哈根会议以后，UNFCCC 缔约国分别于 2010 年在墨西哥坎昆、2011 年在南非德班及 2012 年在卡塔尔多哈召开第 16 次、17 次和 18 次联合国气候变化大会，陆续签订了一系列协议，成为国际气候制度的新框架，如表 6-2 所示。

表 6-2　　　　　　　　哥本哈根会议后国际气候变化大会

会议	取得的成果	不足之处
坎昆会议	继续坚持谈判的"双轨"制；提高了对参与温室气体减排国减排透明度的要求；截至 2020 年，发达国家募集多达 1000 亿美元作为发展中国家的减排项目资金支持等	并没有提出解决应对气候变化的关键问题的措施和政策，且协议依然没有形成对成员国具有约束力和量化规定的细则
德班会议	从形式上保住了《京都议定书》的第二承诺期，能够使该协议继续发挥作用；以中国为例的一些重要发展中国家，首次主动提出本国的阶段性减排目标并承诺到 2020 年起承担强制减排责任的问题等	会议决议依然不具备对成员国法律上的约束力；而关于一些基本的问题，如减排承诺、减排的时间期限等问题，会议也没能取得实质性突破和进展
多哈会议	此次会议最终达成了高度一致，规定从 2013 年起开始执行《京都议定书》第二承诺期减排任务；大会还对长期气候资金的来源、德班平台以及减排损失损害的补偿机制等方面进行讨论，并形成多项决议	会议没有就发达国家的减排目标予以具体指标规定，从而难以实现全球平均气温上升幅度不超过 2℃ 的共同目标

6.2

碳减排的政策工具

6.2.1　碳税

　　碳税是环境税制中的一种，指专门针对二氧化碳排放所征收的税负。环境税的起源可追溯到 20 世纪由福利经济学家庇古提出的庇古税，它是应用于控制环境污染这种负外部性行为的一种经济手段。庇古认为，当私人成本与社会成本不相等时会致使市场配置资源的作用失效，私人获得最优的效益而使社会不能获得最优的效益。所以，庇古提出的环境税的核心认为：政府通过向当事人征收税或者向其提供一定量的补贴，以此来纠正这种环境的负外部性。具体而言，政府向环境污染者征收特定的税，一方面可以增加其排放的私人成本，另一方面能够减少其通过排放获得的私人利益，或者通过污染者转型提供补贴，同样可以减少排放。最终的目的是社会成本等于社会利益，在这种资源配置状态下，自然能够实现帕累托最优状态。经济学界将这种纠正环境负外部性的有效手段统一归纳为"庇古税"方案，是解决环境污染问题经济学方面的理论根据。

　　征收碳税的主要目的是减少温室气体的排放量，目前国际上已经在征收碳税的国家和地区大多是按照化石燃料燃烧后的排碳量进行征收。从碳税对经济方面的影响来说，主要有正反两面：积极影响是通过征收碳税，政府能够增加财政收入，从而政府用于投资的规模也会相应地扩大，起到拉动经济增长的作用，最直接的是能够起到碳减排的作用；消极影响是碳税的征收在一定程度会打压私人投资行为的积极性，对整个社会经济增长具有抑制作用。从时间维度的角度来探讨碳税对经济发展的影响：一方面，短期内征收碳税会引起征税产品成本的暂时性提高，间接导致其价格上涨，从而抑制消费需求，从这个角度来讲，征收碳税对于经济增长的确有一定抑制效应；但另一方面，从中长期来看，由于征收碳税导致成本上升必将刺激相关市场主体研发新型节能环保的替代产品，从而实际减少

CO_2 等温室气体的排放，从整体上降低环境治理的经济成本，降低能源消耗，从而有利于经济的健康发展，所以从中长期来看，碳税是一个有效的环境经济政策工具。

碳税政策从形成到开始实施经历了十分坎坷的发展历程，目前碳税的征收还处于初级阶段，国际上征收碳税的国家并不多，中国还没有正式征收碳税。欧盟在征收碳税这一方面处于世界领先的地位，其中芬兰是欧盟也是世界第一个征收碳税的国家，早在 1991 年，芬兰就通过征收碳税的议案，根据行业的不同，规定碳税税率也有较大的差别。瑞典征收碳税的特点是对公共事业等公共机构实行免征，对企业减半征收，而对私人实行全额征收。美国科罗拉多州的玻尔得市是该国目前唯一征收碳税的地方，该市征收碳税的对象是所有的消费者，主要包括房屋所有者和商业组织。加拿大的魁北克省也已经落实了对石油、天然气和煤征收碳税的政策，其纳税对象是中间商，包括能源和石油公司，而不是普通消费者。但目前征收碳税的行业一般仅限于工业等与使用化石燃料紧密相关的行业，对农业产生的碳排放征税的几乎没有，所以对农产品贸易隐含碳征收碳税需要碳税政策在发展过程中尽快完善。

6.2.2　碳减排补贴

补贴是指政府等公共机构对企业或者个人的一种财政支持，其形式一般包括拨款、贷款和税金减免。碳减排补贴是碳税的反过程，其理论依据同样可以追溯到"庇古税"方案。庇古认为当私人成本高于社会成本，而私人提供社会产品时，个人提供产品所得的收益没有全部纳入个人所得的收入中，这种情况会导致社会获得额外的收益，此时存在社会福利的损失，并没有达到社会福利的最大化，因为私人由于缺少必要且有效的激励机制，其会出于自身利益最大化的目的而减少对这些社会物品的提供，会造成这些社会物品在供给上的短缺，而这种短缺从长期看来必定是会对社会净收益有损害。因此，为了努力趋近和实现社会经济的帕累托最优状态，政府必须要对贡献额外付出的个人给予相应的补贴，从而使个人提供物品的私人收益与该物品的社会收益趋近或相等。从另一个角度来看，碳排放者如果选择排放一单位的碳，而不是选择不排或者减排，那么等于其放弃不排或者减排所能从政府得到的补贴，故碳减排补贴可以被视为一项机会成本。

目前，碳减排补贴政策已经被世界上许多国家采用实施。最典型的案例就是全球大部分国家都对可再生能源实施补贴政策，从《京都议定书》签订以来，不少国家出于对全球气候变化的担忧都先后制定了鼓励本国开发并使用新能源的相关激励政策。2009 年，全球通过税费减免、上网电价补贴等方式给清洁能源开发及利用的直接补贴金额将近 460 亿美元。其中，美国是可再生能源补贴额度最大的国家，补贴金额高达 182 亿美元，其中 40% 的资金用于鼓励发展生物燃料行业。中国则在风能发电总量上领先全球，高达 14GW，政府对于风能发电行业的直接补贴约为 20 亿美元，同时也正在鼓励其余新能源的发展。目前，碳减排补贴政策的实施更多是对节能行业的补贴，对农业方面碳减排的补贴还没有行之有效的政策。

6.2.3　碳排放权交易

碳排放权交易也简称碳交易，是为了促进全球温室气体减排所采用的一种有效市场机制，通过签订碳排放权交易合同的买方与卖方自行达成交易协定，双方约定买方通过支付一定的费用从卖方获得相应的温室气体减排额，利用该额度间接减缓了温室效应，在一定程度上实现其减排目标。碳排放权交易理论起源于排污权交易理论，而排污权交易理论与碳税一样都是来自环境的外部性问题。该理论是由戴勒斯（Dales）于 1968 年基于"科斯定理"而率先在污染控制的研究中提出的，而科斯提出的解决环境外部性的办法是，只要初始产权得到明确界定，且当事人可以自由进行谈判交易，那么市场机制就能够自发地实现资源有效配置或社会福利最大化。而《京都议定书》则为碳排放权交易奠定了制度框架的基础，其规定附件 I 中国家的强制性减排任务使得碳排放权成为了一种稀缺的有价资产。

《京都议定书》中明文规定了，所有发达国家 2010 年之前温室气体的排放水平相比 1990 年要下降 5.2%。但因为发达国家的技术水平较高，结构较为优化，已经难以突破现有的减排瓶颈，所以其减排的成本居高不下，较难完成减排的任务。相比而言，发展中国家的技术水平普遍较低，能源结构和利用效率有待优化，因而其有着较大的减排空间，故而边际的减排成本较低。所以在发达国家与发展中国家之间存在这样的减排价格的刚性，发达国家有减排的刚性需求却缺少减排空间，而发展中国家有减排空间却缺乏资金等条件，故碳交易市场由此打开，并且呈现出迅猛的发展势头。目前，世界主要国家和地区的碳交易情况如表 6 – 3 所示。

表 6 – 3　　　　　　世界主要国家和地区碳交易制度实施情况

国家 (地区)	名称	简介
欧洲	欧洲碳排放交易体系 (EU – ETS)	2005 年开始实施，采用总量控制及交易制度，目前进入第三阶段。EU27 个成员国加盟国及冰岛、挪威和列支敦士登参与该制度，约 11 000 所大型二氧化碳气体排出源及设施为削减对象。从 2015 年起同澳洲就相关制度开始整合。
英国	碳排放削减委员会	2010 年开始，EU – ETS 中无法全部覆盖的大型商业、公共事业行业及部门为削减对象，采用总量控制及交易的排出量交易制度。
美国	东北地区削减计划 (RGGI)	2005 年东北地区 7 个州达成共识。第一阶段 (2009 ~ 2011 年) 已经结束，目前进入第二阶段 (2012 ~ 2014 年)。截止到 2013 年 3 月共计 9 个州参加。2008 年至 2013 年 3 月共进行 18 次碳排放拍卖。
	芝加哥碳交易所 (CCX)	2003 年开始实行自主参加型总量控制及交易的项目，第二阶段 (2007 ~ 2010 年) 共计 300 个团体参加。2011 年开始实行新的补偿登记制度。
日本	国内排放量交易制度及二氧化碳补偿抵消制度	东京都及埼玉县实行了排放量削减和交易的相关制度。东京是世界第一个削减对象涵盖商务楼排放，并启用都市总量控制项目的都市。
加拿大	魁北克市碳排放交易制度	2011 年 12 月，采用总量控制及交易的制度规则。2013 年开始遵守排出削减义务。

国家 （地区）	名称	简介
澳大利亚	碳定价制度	2012 年 7 月开始实施碳定价机制。2012 年根据市场的价格进行交易排出量额度的交易，从 2015 年转入实行总量控制及交易的排出量交易制度。从 2015 年开始同新西兰及欧洲碳交易排放体系进行制度整合。
中国	碳排放交易试点制度	2012 年 1 月，7 省市开始设立排出量试点交易。各省区市于 2013 年开始正式开展交易，6 月 18 日，深圳市率先启动碳排放权交易市场。同年 11 月 26 日、28 日，上海、北京碳排放权交易正式开始。2016 年在全国范围内实行碳排放交易制度。
印度	温室效应气体排放权交易制度	2012 年 5 月，总量控制及交易的国内排出量交易制度设立的法律得到通过，2015 年 1 月实施。

资料来源：中国产业信息网。

从表 6 - 3 可以看出，目前世界碳交易制度在各个国家广泛被采用，而且越来越成熟。其中，欧洲的碳交易体系发展最为成熟，相关的制度也最为完善；美国没有形成全国统一的碳交易制度，碳交易制度主要在工业发达的东北地区；日本的碳交易是实行自愿加入国内排放量交易制度（JVETS）及二氧化碳补偿抵消（offset）制度；加拿大则采用总量控制及交易的制度规则；澳大利亚处于由碳定价制度向碳总量控制及交易的制度过渡阶段；中国碳交易处于初级的探索阶段，积极试点，准备在全国推广；印度也在积极实行总量控制及交易的国内排出量交易制度。

世界碳交易制度一经推出，碳交易的市场迅速得到了极大的活跃，碳交易量迅速增长，如图 6 - 1 所示。从图中不难看出，2005 ～ 2012 年期间，碳交易量一直保持高速增长，从 2005 年的 0.94 亿吨到 2012 年的 79.03 亿吨，年均增长量为 11.15 亿吨，年均增长率为 144.67%，其中交易量增长幅度最大是在 2005 ～ 2006 年的 389.36%，而交易量增长最多的是在 2008 ～ 2009 年，增长了 30.83 亿吨。2011 年的碳交易量达到 67.13 亿吨，相当于当年世界总的碳排放量的 21.42%[1]。总体而言，世界碳交

---

① 数据来源：世界银行。

易市场产生之后就一路迅猛发展，近几年由于经济危机的影响市场略有起伏。随着国际上对环境保护的呼声日益高涨，世界碳交易市场会趋于更加繁荣。

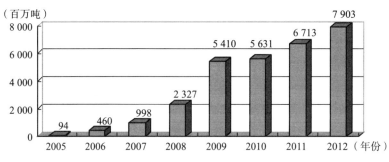

图 6-1 2005～2012 年世界碳交易总量

资料来源：根据《世界银行发展报告》整理而得。

6.3
欧盟减碳政策分析

6.3.1 欧盟减碳政策的实施背景

欧盟一直在国际减排事务中处于领先的地位，各种减排政策出台的较早，发展得较为成熟。《京都议定书》对发达国家和其他附件 I 国家规定了 2012 年前温室气体排放水平要比 1990 年削减 5.2%，而其中对欧盟减排的目标规定为到 2012 年比 1990 年的排放水平削减 8%，这个目标的制定是基于欧盟在国际减排事务中的领先地位而设定的高于世界平均水平的减排目标。欧盟再从集体目标中分配给各成员国各自的减排目标，如图 6-2 所示。从图中可以看出，分配给成员国之间的减排目标差异较大，例如卢森堡分配到的目标是减排 28%，而葡萄牙则允许增排 27%。在统一分配减排任务的基础上，各个国家再根据自身碳排现状纷纷制定了减排政策。本节将对欧盟的减碳政策中较为重要的碳税政策和碳排放权交易政策做一个详细的梳理，为中国应对农产品贸易隐含碳的减排提供政策上具体的经验借鉴。

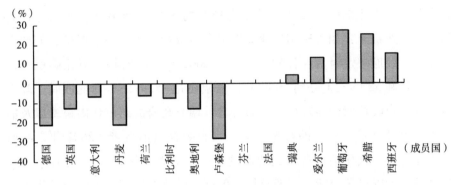

图 6 - 2　欧盟成员国 2012 年相比 1990 年的减排目标

资料来源:《京都议定书》附件 B。

6.3.2　欧盟碳税政策分析

由于对气候问题的担忧，欧盟较早地采取了措施来应对气候变化，碳税政策就是其中之一，早在 1997 年京都会议之前，欧洲一些国家纷纷开始推行碳税政策，芬兰于 1990 年率先开始开征碳税，此后，瑞典、丹麦、挪威和斯洛文尼亚先后效仿开征碳税。京都会议之后，意大利、爱沙尼亚和瑞士也先后加入征收碳税的行列。目前，芬兰、瑞典、丹麦等几个北欧国家的碳税政策相对比较成熟，所以本节的税收政策分析将以芬兰、瑞典和丹麦这三个北欧国家为例。

芬兰是最早推行碳税政策的国家，其推行碳税之初伴随着所得税税率和劳务税税率的降低，减轻企业税负以应对碳税推行之初可能对经济发展带来的负面影响。1990 年，其对每吨二氧化碳征收 1.2 欧元的碳税，并按照不同的税基对汽油、柴油进行征税；1993 年，碳税的税率翻倍；1995 年，对能源税的结构进行调整，推出了碳税和能源税的混合税，其中碳税占 60%；1997 年开始执行新的税制，对核能、水能和进口能源按照基本税率进行征税；2008 年，芬兰对碳税进行了一些修订：平均税率提高 9.8%，碳附加税提高 13% 等，其中较为引人关注的是自 2009 年 6 月起提高对农业和温室栽培业的退税。

瑞典紧随芬兰之后，于 1991 年出台了征收碳税的方案。但政府考虑到竞争，故工业部门只需要交纳规定税费的 50%，而另外一些高能耗高污染的工业行业，如采矿制造业及纸浆和造纸行业等，为了保护它们的发展需求，政府规定对其免征碳税。到了 2002 年，政府将二氧化碳税费从原来的每吨 58 欧元上涨到 69 欧元，涨幅高达 18.97%。与此同时，政府对劳动力税收补偿性地减少。总而言之，瑞典政府的二氧化碳税费以及能源税的上升对政府税收的影响不大，只影响普通消费者。2002 年，政府对工业行业二氧化碳税费减免的比例进一步加大，从 50% 升到 70%。这一调整大大减轻了企业的税费负担，但这一措施对发挥碳税的减排作用产生不利影响。

丹麦是紧跟芬兰和瑞典之后，于 1992 年开始征收碳税。征收的范围不大，但其是首个对家庭和企业同时征税的国家。碳税的计税基础是燃料燃烧后产生的二氧化碳量，税率为 100 丹麦克朗/吨二氧化碳，家庭实际承受的税率比企业要高。而 1996 年，丹麦政府推出一个新税种，具体由二氧化碳税、二氧化硫税和能源税这三个主要部分组成，其中对二氧化碳征收的税率不变，但更重要的是其税基向上延伸到供暖能源，这一改变实际上是增加了企业的能源和碳税的整体负担。1999 年，为了抑制经济过热，政府调整了碳税政策，主要包括将能源税提高了 15% ~ 20%，企业供暖用的能源的二氧化碳税税率提高到 100 欧元/吨二氧化碳，同时，将普遍适用的能源和二氧化碳税税率下调至 12.1 欧元/吨二氧化碳。

从芬兰、丹麦和挪威的碳税政策可以看出欧盟碳税政策的共同点：首先，碳税征收的范围不大，税基基本是由燃料燃烧直接排放的二氧化碳计算；其次，为了减少推行碳税政策的阻力，碳税政策实施之初一般都会相应地降低与之相关的其他税的税率，以免造成经济大的波动；最后，虽然欧盟是碳税政策实施最早的地区，也是最完善的地区，但就目前来看，由于长期没能和能源税以及环境税这类税收明确区别开来，所以碳税政策离设计之初的政策目标还有很大的差距。

6.3.3　欧盟碳排放权交易政策分析

欧盟碳排放交易机制的雏形形成于1997年的《京都议定书》，欧盟于2005年初正式设立了欧盟排放权交易体系，而正式开始运行则是在2008年初，其范围涵盖了欧盟27个成员国以及3个欧洲经济区国家（挪威、冰岛和列支敦士登），并确立交易规则。交易体系的规则具有较大的灵活性，一般是由区域性组织、企业或者个人发起，中间没有法律的强制性约束，最主要的特点就是其是自愿性的，通过自行履行责任以达到实现减排的目的。欧盟碳排放交易体系从2005年初设立以来的实施过程是分步推进的，主要分为以下三个阶段：第一阶段是交易体系的成立和试验阶段，具体是从2005年初到2007年底，此阶段碳交易体系运行的主要目的是获得足够的总量交易经验，并不追求真正实现温室气体的大幅减排，还停留在学习美国的减排交易计划的阶段，这一阶段减排的气体仅仅是二氧化碳，没有包括全部六种温室气体，纳入减排的行业也比较有限；第二阶段的起止日期为2008年初至2012年底，而《京都议定书》关于减排目标的首次承诺时间也是这一时间跨度，这是欧盟试图借助碳交易体系的这一阶段完成对议定书的减排承诺；第三阶段起于2013年，止于2020年，每5年作为一个计划执行阶段，而在本阶段内，计划每年达到1.74%的减排目标，以期实现到2020年全国的碳排放水平相比1990年至少降低20%，引领全球的温室气体减排。

欧盟碳交易体系从设立开始运行到现在，体现出如下三个特点：(1) 总量交易。这是该体系较为明显的特点，总量交易的总原则是温室气体的排放量必须限定在允许排放的总量范围内，同时鼓励体系内部通过市场交易的方式相互调剂可排放量的余缺，最终目的是控制进而减少总的排放量。具体做法是，通过在区域内向企业统一分配一定数量的碳排放许可权即欧洲排放单位（EUA）来实现总量交易的目的。如果企业的实际碳排放量小于分配到的碳排放许可量，那么其可以将碳排放许可量范围内自己没有用完的排放权以商品形式出售给其他市场主体，获得相应的经济收益；反之，由于其实际排放量大于排放许可量，其必须到市场上购买其他市场主体用于出售的剩余排放权。欧盟委员会对违反规定而超出允许排放的企业制定了较为严厉的处罚标准：对于超出的排放量，每超出1吨的排放量，缴纳40欧元的罚款，这是第一阶段的处罚标准；当达到正式运行阶段，其超额排放的罚款额度将提高到每吨100欧元，此外，还将从该企业次年的碳排放许可量中扣除掉本次的超额量。（2）开放性。其开放性主要表现在其第二阶段的期限与《京都议定书》的到期承诺保持一致且内容具有一脉相承之处，并且欧盟的碳交易体系与其他的交易体系也有较好的衔接。具体而言，欧盟碳排放交易体系在使用《京都议定书》规定的清洁发展机制或联合执行机制获得的减排信用的前提下，还允许使用一定范围内的其他交易体系的减排信用，即核证减排量（CER）或减排单位。欧盟碳排放权交易体系实施的第一个阶段，CER的使用比例由各成员国根据自身具体情况进行规定。而在第二个阶段，欧盟碳排放权交易体系作出了统一的规定，CER的使用比例不得超过欧盟排放总量6%。欧盟碳排放交易体系同其他国家或地区的碳排放交易体系的兼容是通过双边的协议和谈判获得的。例如2015年起欧盟排放交易体系同澳洲就相关制度开始整合。（3）分权化治理模式。欧盟碳排放交易体系与其他总量交易体系的最大区别在于欧盟交易体系内的成员在目标总体一致的情况下享有相对比较充分的协商和决策权，这种可以协商、自主决策的模式称为"分权化治理"模式。欧盟采用这种分权化治理模式体现出较大优越性，首先各成员国对减排的总体目标具有共识，故而在总目标的指导下，充分协商各个国家自身的减排任务和目标，所以具有目标的高度一致性；其次这种协商和自主决策能够有效地考虑各成员国之间的经济发展水平以及资源禀赋的差异性；再次充分协商和自主决策较好地协调和平衡了欧盟与各个成员国之间的利益。欧盟各成员国内部碳排放权的分配上所遵守的原则是一致的，但各成员国提出的碳排放量要符合欧盟的标准，特别是要符合《京都议定书》关于减排的总目标。

6.3.4　欧盟减碳政策的效果分析

欧盟在应对气候变化方面做出了积极的回应，采取了行之有效的政

策。其中，碳税政策是在欧盟的成员国最先开始实施的，而目前世界上实
施碳税的国家和地区并不多见，实施的效果并不理想，但欧盟碳税政策的
实施的确取得了一些成果；碳排放交易政策在欧盟发展得最完善，减碳的
作用相比其他政策也较为明显。以碳税和碳交易为代表的减碳政策在欧盟
实现碳减排目的的过程中发挥着越来越重要的作用。从欧洲的碳排放量的
变化趋势来讲，《京都议定书》签订以来，欧洲的碳排放量整体先上升后
下降，如图 6 - 3 所示。具体而言，1997 ~ 2004 年这一阶段，碳排放量处于
波动上升的趋势；2004 ~ 2008 年，碳排放量一直保持较高的水平；2008 ~
2011 年，碳排放量迅速回落。由于欧盟囊括了欧洲最主要的国家，所以欧
盟的碳排放量在总量上应该接近欧洲的碳排放量。而欧洲的碳排放量的变
化趋势和欧盟碳交易体系的发展历程基本相吻合：2005 年之前碳交易体
系未成立，碳排放一直波动增长，2005 ~ 2008 年，欧盟碳交易体系处在
发展的初级阶段，并没有把控制碳排放作为主要目标，这一阶段的碳排放
量处在一个较高的水平，2008 年之后，碳交易体系开始以控制碳排放量
为主要目标，这一阶段的碳排放量迅速回落。由此可见，欧盟的碳交易体
系与碳排放有着一定的关联，其对控制碳排放量的作用较为明显。

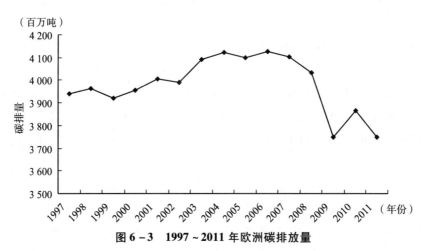

图 6 - 3　1997 ~ 2011 年欧洲碳排放量

资料来源：世界银行。

6.4

国际经验对我国构建农产品贸易隐含碳排放应对机制的启示

从碳排放总量来看，中国是全球第二大排放国，身为发展中国家，虽然《京都议定书》并没有强制规定中国的减排任务，但中国早在2009年就已主动提出碳减排的目标，具体为：在保持经济稳步健康发展的前提下，到2020年我国单位国内生产总值所排放的二氧化碳排放水平比2005年排放水平下降40%～45%，所以中国被许多国家看作是最具潜力的减排市场。国际减排经验对于我国防控农产品贸易隐含碳排放具有重要的意义。

6.4.1　逐步实施符合我国国情的碳税制度，适当征收农产品贸易的隐含碳碳税

目前中国的国情是处于发展中国家阶段，最主要的目标是发展经济，解决人民物质生活的问题。在一定程度上造成能源消耗过高，所以二氧化碳等温室气体排放也会相应地增加，这属于"生存性排放"。但排放过多的温室气体同样会带来毁灭性的灾难，必须深刻地认识到这一问题。目前我国尚未开征碳税也是基于碳税会在短期内对经济造成巨大压力的考虑，但从长远来看，碳税的征收是必要而且是必需的，开征碳税主要有四方面的必要性，即减缓国内生态环境压力、树立负责任的国际形象、有利于经济发展方式的转变且能够完善环境税制。

从欧盟征收碳税多年的经验来看，结合我国的实际，我国征收碳税的对象应确定为直接排放二氧化碳的单位和个人，税基应该以直接排放的二氧化碳为主，同时应该把隐含排放的二氧化碳纳入进来，对于碳排量不同的行业分别征收不同税率的碳税，同时形成的碳税收入的一部分可以用作鼓励碳减排行业发展的补贴支出，形成一个适合经济和环境协调发展的良性循环。根据前面对我国农产品贸易隐含碳排放的测度结果以及对欧盟的

碳税政策分析可知，适度征收农产品贸易的隐含碳碳税，对调节农产品贸易隐含碳排放具有重要意义。

6.4.2　加快完善碳交易制度，并着重开展对农产品贸易隐含碳的交易

就国内的碳交易市场来说，目前我国已有 7 个省市先后启动了碳排放权交易试点，其中，深圳、上海、北京、广东、天津这五个启动碳交易的地区属于东部地区，湖北属于中部地区，而西部地区的重庆也即将开展碳排放交易，充分表明我国重视碳交易市场的发展，但同时由于开展得较晚，我国碳交易市场发展程度远远落后于世界先进的碳交易市场。所以根据以往的经验，要完善我国的碳交易市场必须做到如下三点：（1）确定碳交易的企业边界和范围，制定出台相关管理细则，对碳交易行业的划分必须清楚明确；（2）研究制定合理的配额分配方案和市场调节机制，把宏观调控与市场机制的使用很好地结合起来；（3）完善碳交易登记、注册系统，同时健全相关核算、报告体系，加强对碳交易市场的监管和风险防治，保证碳交易系统能够顺畅有效的运行。就与国外的碳交易合作来看，欧盟碳排放贸易市场的发展模式对我国碳交易市场体系的构建的借鉴意义在于：应当按照统一规划、分步实施、层层推进的思路，积极探索地区性自愿减排交易市场试点，继而由自愿减排交易逐步过渡到全国性碳交易总量控制的强制交易市场模式。

就国内而言，将农产品贸易隐含碳纳入碳交易的总量当中来，改进和完善农产品贸易隐含碳交易中的一些关键环节，如立法监督、产品开发等，逐步实现碳交易体制设计和技术问题的重大突破，实现交易中减排的初衷；另外，积极推动构建世界范围内的农产品贸易隐含碳的交易机制。

6.4.3　优化农产品的进出口结构，对隐含碳排放量较大的农产品进出口进行调节

根据前面测算结果：我国 2002 年为农产品贸易碳排放净出口国，即

在农产品世界贸易中为碳排放污染转入国，也是被污染国。自 2003 年起，我国农产品净出口隐含碳排放均为负值，且绝对值除 2004 年外逐年增大，说明在这个阶段，我国农产品进口所隐含的碳排放超过出口所隐含的碳排放，为农产品贸易碳排放净进口国，此时，我国在农产品世界贸易碳排放转移中属于碳排放污染转出国。

为实现我国农产品进出口贸易中隐含碳排放的净平衡，优化农产品的进出口结构，重点应当适当控制对隐含碳量较大的农产品的进口，减少对该农产品的需求量可以减少其供给量，进而减少其产量，从间接上减少碳排放，避免对他国的碳排放污染，树立起我国负责任的大国形象，为全球碳减排做出实际贡献。

6.5

本章小结

本章首先介绍了在威胁人类共同发展的气候问题上，国际上形成了一系列碳减排的国际制度框架，主要有联合国气候变化框架公约以及在这个大的框架下召开并签署的一些重要的会议和议定书。其中重要的有京都会议签订的《京都议定书》，其在人类共同保护气候的进程中具有重要的历史意义，还包括后京都议定时代即国际气候协议的新进展，同样是重要的碳减排的国际制度框架。这些框架对开展碳减排的国际合作具有重大的意义，是开展国际合作的依据，取得了显著的碳减排成效，但同时这些框架存在一些共同的缺陷，比如缺乏对成员国的法律约束力，也使得国际合作的充分开展存在较大的困难。

在碳减排的国际制度框架下，国际上一些国家和地区率先采取了碳减排的政策工具，主要包括碳税政策、碳补贴政策和碳排放权交易政策。这些政策都是市场化的一些政策工具，是依据庇古的环境税理论制定的，对促进碳减排具有较为明显的作用，也是未来世界范围内减碳的主流政策工具。欧盟的这些碳减排政策实施得较早，发展得最为成熟。尤其是其碳税政策，在世界上其他国家和地区实施得较少，但在欧盟的发展相对比较成熟；其碳交易市场是世界上最大最完善的总量控制的强制碳排放权交易市场。

　　国际经验对我国构建农产品贸易隐含碳排放防控机制具有重要的启示意义：首先逐步实施符合我国国情的碳税制度，适当征收农产品贸易的隐含碳碳税；加快完善碳交易制度，并着重开展对农产品贸易隐含碳的交易；优化农产品的进出口结构，对隐含碳排放量较大的农产品进出口进行调节。

第7章

中国农产品贸易隐含碳排放
转移的应对策略设计

国际贸易是隐含碳在国家间实现空间转移的主要路径之一，中国作为农业大国，同时也是农产品国际贸易大国，在农产品的国际贸易过程中导致了碳排放的空间转移。随着人口膨胀及生态环境恶化，发展中国家对环境的关注程度日趋提升，基于农业的特殊地位，消费者及国内外学者对农产品国际贸易带来的隐含碳排放的国际空间转移展开了广泛关注。从以上各章的理论分析和实证检验可以发现，2002年以来，我国农产品进出口隐含碳排放量在时序上均呈现增长态势，而农产品进口隐含碳排放增速较之出口隐含碳排放更快，这在一定程度上说明我国在农产品世界贸易中为碳排放污染转入国，也是被污染国，自2003年起，我国农产品净出口隐含碳排放均为负值，我国农产品进口所隐含的碳排放超过出口所隐含的碳排放，且有扩大的趋势，为农产品贸易碳排放净进口国，我国逐步由碳排放转入国向转出国过渡。

虽然我国在农产品国际贸易中正逐步由碳排放转入国向转出国过渡与发展，但是我国的农业隐含碳排放数量依然巨大。那么，如何利用有效的政策法规与防控措施，有效引导农业产业升级与结构调整，进而促进农业经济区域协调化、低碳化发展，这是推进我国各地区经济协调发展、保证社会稳定与长治久安的基础。无论是农产品贸易导致的碳排放的国际空间转移还是国内农产品流动的区域转移，我国在农业生态环境维护以及减排路径安排方面都充满了压力与挑战。因此，针对这些问题，结合前面的研究结论，我们有必要对我国农产品贸易隐含碳排放国际空间转移的应对策略做出有益的探讨。

7.1

逐步完善农产品国际贸易碳排放的核算体系

7.1.1　构建公平的农业碳减排责任分担体系

据相关数据统计，我国是世界第一大碳排放国，无论是第二产业还是第一产业碳排放量均居世界首位，这直接导致了我国在国际气候谈判中处于不利地位，且承受着巨大的碳减排压力。基于我国庞大的碳排放量，欧美等发达国家在一些气候谈判中不断地给中国施加巨大压力，企图让中国承担更多的国际碳减排责任。发达国家在衡量与分配国际碳减排责任过程中仅仅以生产碳排放、总排放量以及历史排放量等指标为依据，但是却忽视了由国际贸易引发的隐含碳在国际空间的转移，因此现有的碳减排国际责任分担体系具有一定的不公平性。

本书第 4 章所运用的多区域投入产出（MRIO）模型，其最大的优势在于不仅涵盖了本国及所有贸易往来国的生产条件，同时模型还将进口划分为中间投入和最终消费两个相互独立的部分，从而有效克服了单区域投入产出模型可能存在的估算偏差（主要是由技术同质性假设所引起），便于更为客观地界定与测度中国对外贸易隐含碳及排放责任。在此基础上，进一步测算了中国 31 个省（区、市）农产品进出口贸易隐含碳排放，分析其空间分布特征及区域公平性，并根据 LMDI 因素分解方法，分解农产品出口隐含碳排放的影响因素。通过一定的计量方法与手段较为准确地测度了我国在国际农产品贸易过程中引致的碳排放转移，该问题的研究在一定程度上是基于碳转移视角上对国际气候责任分担问题在农产品贸易领域的深入研究。作为一个农产品生产与贸易大国，我国农产品进出口总量以及贸易结构发生了很大的变化，且最终需求市场不断拓展，其引发的国际碳排放转移范围不断扩展，但其总体趋势逐步趋好，正由碳排放污染转入国向碳排放污染转出国过渡，但是我国依然承受着较大的国际隐含碳转移带来的责任压力。随着我国人口规模的不断膨胀，农产品需求日趋旺盛，农产品生产与贸易规模不断扩大，变相地增加了我国农业生产与贸易活动的碳排放量与空间转移范围，而这些农产品的最终消费国在碳排放的测度中却尚未体现。虽然近年来我国农产品进口规模迅速增长，但是我国农产品出口品种结构发生了较大变化，导致我国农产品贸易隐含碳转移趋势并未因进出口规模的变化而发生变化，发达国家依然是隐含碳排放的主要转出国，存在严重的碳泄漏问题，对全球碳减排的作用甚微。农业碳减排是我国乃至全球气候谈判的重要组成部分，因而要构建公平合理及可持续的农产品生产与国际贸易减排的制度安排，必须构建一个以农业碳减排为主要目的的农产品贸易碳减排责任分担指标体系，改变传统的静态碳排放核算体系，逐步向动态核算方式转变，使碳排放转移量的核算更加合理准确。同时，作为农产品贸易大国，我国以现代农业产业的快速发展为契机，推进碳排放转移量精准核算，积极参与相关国际政策规制的制定，避免盲目陷入"碳排放转入国"以及"碳排放大国"的责任陷阱。

7.1.2　积极开展国际合作，推进我国农业生产技术低碳化

近年来随着我国农业现代步伐的加快，农产品贸易、农业外商直接投资呈现快速发展趋势，同时农业生产、投资以及贸易引发的碳排放也使我国成为"农业碳排放大国"，但是这也导致了"国际消费，中国污染"局面的加剧，随着农产品贸易的频繁与国际资本流动加快，发达国家消费者越来越多地消费国外农产品，导致其产品生产碳排放随之转移到了中国。碳排放转移实际上是由于消费者的最终需求引发了生产地农业生产资料的投入，间接引发生产地的碳排放，那么消费国也有一定的义务承担减排责任。在现代农业加速发展的过程中，以欧美为代表的发达国家形成了较为完善的绿色农业技术体系，且有充足的资金与碳减排技术储备，其在全球气候变暖背景下，有责任在技术和资金方面助推我国进入"环境友好型、资源节约型"的农业发展轨道。发达国家要在清洁发展机制（CDM）下推进农业碳排放大国实现农业环境生产技术提升以及农业环境生产效率的提高。根据本国国情适时引进先进适用的配套绿色技术体系，同时测度发达国家在农产品贸易过程中向中国转移的碳排放量及其对本国带来的环境

修正效应，以此为依据积极开展国际生态补偿与合作，在一定程度上推进中国低碳农业产业的规模化与集约化发展，实现中国农业向资源节约型与环境友好型推进。以 CDM 机制为基础的碳减排工程，具有诸多益处，一方面不仅助推发达国家提升减排能力的弹性，通过将过去各期减排目标以及减排成本以"融资"减排指标的方式平滑实现减排目的，这在一定程度上在助推我国农业产业以及农业龙头企业节能减排技术水平的提升和能源消耗的降低，加快我国农业经济发展方式的转变，推进我国农业产业由资源高耗型、环境污染型向资源节约型、环境友好型产业过渡等方面具有重要意义。

农产品国际贸易是全球贸易的重要组成部分，由其导致的碳排放国际空间转移也是碳转移的重要内容。处于不同发展阶段的国家应该在碳排放减排方面首先要坚持"公平、合理"的原则，同时积极履行"责任共有但大小有所区别"的方针，着力推进气候与环境领域的全方位国际合作，借以消除国际贸易活动中所存在的技术贸易壁垒，并不断加快清洁技术的国际转移，以便全面助推中国农业清洁生产技术水平的提升。上述举措将为全球温室气体减排工作创造更好的条件。

7.2　加强对高隐含碳排放关键农业产业的监管，完善其监管机制

7.2.1　全方位监管"隐性"碳排放的国际转移

实证研究发现，农用物资、稻田以及畜禽养殖已经成为我国农业碳排放最为重要的三大来源，且农产品贸易日益呈现出进口土地密集型农产品、出口劳动密集型产品的贸易格局，并在未来很长一段时期内将继续维持这种状况，这一贸易结构决定了无论是在国际贸易还是国内农产品流通过程中，以中间产品投入为载体的"隐性"碳排放的国际空间转移与国内区域转移不可避免。虽然我国在农产品贸易过程中逐步由碳排放转入国

向转出国过渡，但是这是建立在国内农业生产不断发展以及国际需求不断增加的双重背景下，由此可知碳排放转移的整体趋势依然呈现显著和持续地向弱环境地区转移的情况，这也在一定程度上表明，中国具有一定的环境要素比较优势。然而，在我国农业产业结构持续优化升级以及持续向现代化推进的过程中，对农产品贸易隐含碳排放空间转移的忽视将会给我国在国际气候责任承担中造成较大的负面影响。因此，需要我国相关政府部门就关键农业产业及产品实施全方位的监管，尤其是政府环境监管部门、发改委、两型办等相关政府机构需要对进口农产品的中间品碳含量进行精准测算，并以此为依据选择与其相关联的环境规制来进行约束。在高农用物资投入的农业产业以及畜禽养殖业等高碳排产业，需要适当加强环境规制的力度与强度，达到农用物资的高效利用以及畜禽粪便等废弃物的循环再利用。在积极采取政府环境规制政策的同时，还需要积极加强市场引导，采取一些以环境保护为目的的市场手段，比如征收环境税、收取排污费、推进碳排放权交易等。与此同时，积极引导零散农户、龙头企业、合作组织等不同类型的农村经营主体改变其传统的粗放型经营模式，走集约化生产之路，并鼓励其在实施农业生产与加工过程中积极采纳低碳技术，从整体上提升其技术水平，并加强其创新能力的培养，进而实现产业结构的优化与升级。对农业产业中的高投入排放系数、低产出排放系数的产业应充分利用其中间产品在技术扩散和节能减排等方面所存在的巨大潜力，进而通过有效措施积极引导涉农企业强化研发意识并加大科研投入力度，以此促进农业技术进步。

7.2.2 强化对"显性"碳排放转移产业的监控力度

在节能减排和低碳经济发展双重需求下，我国面临巨大的压力和挑战，为了应对与日俱增的压力，我国制定并实施了《应对气候变化国家方案》，明确了 2020 年的碳减排目标，还进一步提出了一些具有强制约束力的指标，比如逐步提高森林覆盖率、不断优化能源消费结构等。作为重要的碳源，农业也将会纳入我国应对气候变化的一系列经济发展规划中，并且其环境规制将进一步增强。我国依然处于快速发展时期，各个省份之间在区域环境上有较大的差异，尤其是其环境规制的强度差异较大，从而使得我国农业产业结构整体布局在很大程度上受到了涉农外商投资的直接影响，具有"高碳"特征及资本密集型特征的产业由减排成本较高的地区逐步向成本较低的区域转移，且该情形发生的概率在不断增加。从这个方面考虑，作为政府部门应该从以下几个方面防止其发生：一方面是通过构建相关机制强化对中、西部地区地方政府环境治理绩效的考核力度，杜绝当地政府利用生态环境的牺牲而实现地方经济发展的内在动机的产生。另一方面则从加大节能减排力度、着力提升清洁技术利用水平等视角入手，具体而言，政府应制定好《产业承接地鼓励、限制、禁止农业产业的目录》，并严格遵照目录执行，这就要求地方政府要加强对高碳和资本密集型农业产业对环境污染信息的掌握力度，避免因信息不对称或者谋求政绩的驱动力而出现盲目承接高碳高污染型农业产业。中西部地区是我国生态环境较为脆弱的地区，由于其在环境规制的力度方面控制力较差，故其在承接经济发达国家或我国东部沿海发达地区产业梯度横向转移进程中务必要遵循"经济发展与低碳发展"相结合的原则。同时，中西部地区需要加强对区域内高碳农业产业和资本密集型的农业龙头企业的碳排放或污染动态进行重点监控，要建立健全高效且全面的环境评估、节能环保技术评估体系和评估机制，抬高区域产业进入的环境门槛。综上，有重点地加强对高碳和资本密集型农业产业的监管，对于引导外商投资的产业在国际上有序转移以及国内产业有序梯度转移具有重要意义。

7.3

构建与完善农业生产的环境防控技术机制与体系

7.3.1　鼓励农业龙头企业利用中间品进口方式替代本国的高碳生产环节

伴随着国际垂直化、专业化发展和贸易格局不断演化的大背景，国际分工的格局也不断演化与发展，我国必须构建与完善适度差异化的环境规制。一些重要的全球农业产业价值链中跨国公司要发挥其全球范围内的生产基地和销售市场的作用，利用国外清洁机制，通过中间品的进口来实现对国内高碳生产环节的逐步替代，有效推进替代效应不断放大。另外，如果从国外进口碳隐含量较高同时碳密度相对集中的中间产品，那么势必将引导国内农业龙头企业将一些具有高碳、高污染与高能耗等"三高"特性的部分或者全部生产（加工）环节逐步转移到国外，以实现其在空间上的优化，进而减少国内资源与能源消耗，加强我国农业可持续发展能力，推进国内农业产业的内部结构优化。从区域农产品出口的隐含碳排放来看，东部经济发达地区的绝大部分地区净出口隐含碳排放为负值，在农产品国际贸易中为碳排放转出地区，而且是中国最主要的碳排放转出地区，而中西部地区中大部分省份的净出口隐含碳排放为正值，在农产品国际贸易中为碳排放转入地区。因此，中国在发展农产品国际贸易的时候应该更多地考虑隐含碳在本国东部和中西部地区的责任分摊。因此要加强局部地区的进口替代战略的实施，推进碳排放转入区的产业升级、碳排放转移以及产业布局整体战略的实施。

除了进口中间产品代替国内高碳生产环节外，政府还可以通过一些政策工具，比如实施环境规制举措、构建节能减排指标等，鼓励企业加大科研投入力度，以使农业龙头企业的技术创新能力得到突破和跨越。因而依靠技术进步与创新，使我国在全球农业产业价值链中的地位得以提高。根据波特假说的思想，环境规制不仅能增强"创新补偿"效应，还能通过降低成本来实现提高企业综合竞争力且减少碳排放强度的终极目的。在本书的第4章中，对农产品国际贸易隐含碳转移的现状进行了实证分析，研究表明：结构效应、规模效应均为正，说明对中国农产品出口隐含碳排放具有较强的推动作用，而技术效应表现为负，即在一定程度上抑制了中国农产品出口隐含碳排放污染的转入。进一步解释我们可以发现，农业碳排放结构效应对中国农产品出口隐含碳排放贡献的变化值为正，说明农产品出口碳排放转移的逐年剧增导致了农产品出口隐含碳排放量的不断增加，即通过农产品出口贸易转入我国的碳排放污染不断增加，因此农业外商直接投资、国内农业粗放发展等因素都严重影响了我国农业生产环境，因此要加强环境规制与低碳技术的提升。同时，增强我国对全球先进节能减排技术溢出的吸收与消化能力。实证研究表明,技术效应对中国农产品出口隐含碳排放贡献的变化值为负,说明技术效应抑制了中国农产品出口贸易中隐含碳排放的变化,在一定程度上促进了农产品贸易碳排放污染转移他国,这在一定程度上肯定了我国农业技术水平的进步。但是我们又不得不承认,中西部地区人力资本水平较低,环境规制落后,在很大程度上还是属于碳排放转入区,因此我们在看到成绩的同时也要发现潜在问题。因此我们要进一步培养国际技术溢出的吸收与创新能力,不断提高我国碳减排整体技术水平。为此,应构建与完善重点领域的人才培养机制,最大化发挥技术溢出的吸收与创新效应。同时,还需保证人力资本在区域间能进行有效的流动并完成梯度转移,进而促使地区间的节能技术外溢效应达到最大化。

7.3.2　构建完善的 CDM 机制,获取清洁生产技术

充分利用国际碳减排责任分担及其相关规定,充分行使发展中国家权利以及利用规定中对发展中国家发展的支持作用,不断从国外引进相对先进的节能减排技术以及较为先进的相关设备。当前我国的农产品进出口结构上不合理,需要进一步优化与适当调整,加强合理 CDM 项目中的部门技术转让。在农业外商直接投资上要起到示范效应,总结与学习发达国家在农业产业方面所衍生出的一些节能减排技术以及形成的一些较为先进的管理经验,实现我国农业产业清洁能源使用比例与利用效率的双重提升,达到保护当地农业生产环境与提升涉农企业低排污以及碳排放治理技术水平的双重目的,以此实现农业生产环境保护与经济发展的协调。同时,我国政府应该采取多种手段实现减排目标,而降低环境产品和技术转移的关税也是较为有效的手段之一,强化与先进发达国家的清洁能源技术合作,成立低碳经济产业示范园区,鼓励并支持一批优秀涉农龙头企业优先发展,促进低碳农业技术对中国的长期外溢。

7.3.3　鼓励发展清洁农业产业

在后金融危机时代,我国区域间的农业产业结构及布局发生了较大变

化，在一定程度上对我国农业科技创新战略与农业节能减排技术均提出了更高的要求。一方面，在后金融危机时代，外部需求持续疲软，在国家政策优惠以及企业发展压力下，东部地区涉农龙头企业纷纷加入到西部大开发的行列中，以期从国家战略层面寻求廉价的劳动力资源，区域间的产业转移以及产业区域结构的优化调整加剧了碳排放空间转移态势的变化，由此激发了中西部地区要大力发展新兴产业的决心，同时也增强了其对低碳技术的战略需求；而另一方面，随着现代科技的快速发展，生物技术、新材料技术、新能源开发等领域融入现代农业产业当中，成为农业经济发展与增长的新引擎。

第一，以低碳技术的研发为手段，实现低碳经济创新能力的提升，进而促进经济发展由"高碳化"向"低碳化"转变。自新中国成立尤其是改革开放以来，出口也以初级农产品为主，该种农业生产方式与贸易结构呈现不可持续、结构不均衡、碳排放高、环境成本高等特点。因此，我国在农业生产与贸易发展过程中，要不断完善法律法规，加强财政扶持等政策，促进我国农业科技研发，并积极发挥技术溢出效应，推进高碳排涉农企业的技术转型。第二，中国需要构建完善的农业隐含碳减排的资金投入体系，鼓励农业自主创新与节能减排，优化农业生产能源结构与农用物资投入结构，减少农药化肥等化工生产资料的投入，加大有机肥与生物杀虫等技术的推广，同时，自助研发适用的低碳技术，充分发挥农业的生态功能与经济功能，实现两者的有机结合。第三，加快农业能源消费结构的优化，实现以可再生能源为主、化石能源为辅的能源消费结构，进一步挖掘农业碳减排的潜力。第四，在农业生产等领域应用并推广节能减排技术与新能源创新产品，以此促使低碳农业的产业升级与农业内部的结构调整。第五，努力建设好低碳农业开发试点区，明确规定试点区关于控制温室气体排放的具体任务，探索低碳、高效的农业生产新途径。第六，加强转移支付对中西部地区的支持力度，对农业基础设施建设予以必要的倾斜，进一步挖掘中西部地区发展节能减排的巨大潜力，扭转其在农产品贸易隐含碳排放中属于碳排放转入地区的状况。

7.4

设定区域农产品生产环境规制级差，实施区域碳转移补偿制度

7.4.1 构建科学合理的区域碳转移标准核算制度

我国一直是农业生产大国，但区域间的农业发展水平体现在农业生产要素禀赋的差异、产业内部结构的差别、产业基础不同乃至农业经济发展水平等方面。实现区际农业产业内部结构的优化、产业的梯度转移以及碳排放空间转移之间的协调与协同发展是我国政策层面亟需破解的难题。在区域农业产业内部结构优化与梯度转移过程中，专业化生产并"出口"高碳排放农产品的地区的消费者从其他地区"进口"低碳排农产品，这一贸易行为导致了高碳排放产业变相地向相对落后地区转移，也即区际间的碳排放发生了转移。而一旦碳排放发生了空间转移与重构，必定会造成一国行政范围乃至全球范围内的碳排放的收入效应和替代效应，以及地区间乃至国际间的公平负债和生态补偿问题。所以因此引发的我国农业节能减排工作的复杂性与挑战性可想而知。因此，区域间碳减排指标的责任分配绝不能单纯地以碳排放总量为衡量指标，必须考虑区域乃至世界空间内经济活动的相互联系。本书第 4 章运用了多区域投入产出（MRIO）模型，较单区域投入产出模型更为客观地界定并测度中国对外贸易隐含碳及其排放责任，对国内与国际碳排放责任都具有较强的解释力。科学合理的区域碳转移标准核算制度对于碳减排责任的区域公平性的衡量、对碳约束条件下差异化减排指标的制定均能产生较大的指导价值与作用。根据该核算体系测算的各个地区之间乃至世界各国之间不同行业间的隐含碳排放以及制定科学合理的碳减排责任，能够为各地区减排目标的制定以及应对全球气候变化的策略制定提供具有实际意义的、可供参考的方案。

7.4.2　针对区域资源禀赋差异，建立适宜的环境规制级差

第4章运用MRIO模型测算了中国农产品对外贸易隐含碳排放情况，具体格局为：2011年，四川、福建等18个省区市的净出口隐含碳排放量为正值，说明这些地区为农产品出口所隐含的碳排放超过进口所隐含的碳排放，即在农产品世界贸易中为碳排放污染转入地区，也是被污染地区；上海、北京等13个省区市净出口隐含碳排放量为负值，说明这些地区为农产品进口所隐含的碳排放超过出口所隐含的碳排放，即在农产品世界贸易中为碳排放污染转出地区。2011年相比2002年，山东、河北、黑龙江、浙江、重庆和安徽六省市的净出口隐含碳排放由正值变成负值，说明这六个地区由碳排放污染转入地区变为污染转出地区。但没有地区的净出口隐含碳排放由负值变成正值，说明并没有地区由碳排放污染转出地区变为污染转入地区。而造成区域间碳排放表现出转移不均衡的一个重要原因是各区域之间环境规制的级差。因此，由政府部门对各个区域的碳排放与转移的空间不均衡性设置环境规制级差，并明确其方向与指导原则，在兼顾公平与效率的前提下，同时满足中国各个省区市实现环境效率最大化，设定如下：碳排放转入地区（中西部地区）应该采用严格的环境规制，而碳排放转出地区（东部地区）宜采取一般性的环境规制，而且该环境规制极差必须标准化、可度量化。就碳减排指标分配的角度来看，显然，东部地区应承担更多的碳减排任务。而从碳排放转移的角度来看，在环境规制级差条件下，最合理的碳排放路线为：东部沿海地区—京津地区—北部沿海地区—东北地区—中西部地区。

7.4.3　建立区域碳转移的补偿机制

从我国各省区农业隐含碳排放及其转移路径来看，陕西、内蒙古、辽宁、吉林、福建、江西、湖北、湖南、海南、四川、贵州、云南、西藏、甘肃、陕西、宁夏、新疆等大部分中西部省份为碳流入地区，多数为我国落后欠发达地区。我国西部大开发、中部崛起等战略的实施，加大加快了

东部高碳排农业产业向中西部转移的步伐，这还与区域经济发展的不均衡性具有较大的关系。所以，根据区域间公平负债、合理承担碳减排责任的原则，那么构建与完善好区域间的生态补偿制度就显得非常有必要，以此保障我国农产品贸易隐含碳减排的合理空间转移与减排工作的推进。

第一，应遵循的基本原则必须明确，一是责任原则，即"谁最终消费、谁受益、谁补偿"；二是组织原则，由政府主导、市场推进；三是操作原则，按照"从点到面、先易后难"的先后顺序进行操作；四是实施原则，即调动民众参与、因地制宜。基于以上四点基本原则，逐步建立与完善碳排放转移生态补偿机制的整体构架。

第二，健全农业碳信息的检测与绿色信贷体系。首先要建立健全碳信息的功能监测和价值评估机制，完善生态成本与环境代价的经济核算体系，同时构建信息定期发布制度，实现碳信息高度透明化，最终为生态补偿机制的建立与完善提供科学依据。而针对绿色信贷体系，积极为农业生态保护、农业生态建设和绿色农业产业融资；以区域资源禀赋、农业产业结构、信用环境以及对绿色安全的农产品需求等具体差异为依据，从而拟订兼顾区域差异的具有实际操作可能性的绿色信贷政策及体系。

第三，以地区实际情况为依据，建立区域差异化的农业碳税征收试点与推广体系。具体做法为，根据农业碳税征收试点在地区间的环境效应、经济效应的差异性，完成征税前的充分调查与取证，进一步通过量化明确各个地区征税的范围及征税额度，从而逐步建立起全国统一的农业碳减排税收政策体系，促进全国农业产业的健康持续发展。

第四，努力搭建农业碳补偿交易平台。借鉴和学习国际碳排放权交易市场（以欧盟的碳交易体系为主要对象）的成功经验，在总量交易的原则下，建立我国农业碳排放权的区域配额分配制度，完善我国碳交易市场的管理制度，逐步建立适合我国实际情况的碳排放权的交易机制，促进减排资源在区域间的科学合理流动，进一步推动我国农业产业和农产品贸易隐含碳实现优化转移。与此同时，基于以往的对排污的治理经验，一方面大力开展碳排污权的交易试点、集成示范与推广工作；另一方面，构建跨区域性生态效益共享机制，进一步实现碳有效减排和碳合理转移的双赢效果。此外，积极促进碳金融产品及其衍生品的创新开发与设计，在碳排放权交易市场的基础上，引入碳期货交易机制，完善碳定价机制。

第五，完善区域产业转移的配套服务政策及重大承接项目的服务机制，提倡以市场机制为主导，政府部门做好相应的服务工作。一方面，改善区域协调整体制度的设计，在减碳增效的目标指导下，谋求地区政府间的减排合作与协同发展，突破现阶段环境治理环节中呈现出的地区分割与地域封锁的局面。另一方面，根据产业调整的统筹协调机制而出台区域碳转移协调政策，积极推动简化行政审批、跨区手续以及转移企业工商登记等，加强区域间的减排合作，形成区域间的低碳农业联动发展格局。

7.5

本章小结

本章基于前面的分析结论，并结合国外相关经验，构建了中国农产品贸易隐含碳排放的防控机制，具体分为四个部分：（1）完善农产品国际贸易碳排放核算标准体系的构建。一方面，构建公平的农业碳减排国际责任分担体系；另一方面，则积极开展国际合作，着力推进我国农业生产技术的低碳化。（2）加强对高隐含碳排放农业产业的监管，不断完善其监管机制。在实际操作中，既需全方位监管"隐性"碳排放的国际转移，还需大力强化"显性"碳排放转移的监管力度。（3）构建与完善农业生产环境防控的技术体系。为实现这一目的，可从三方面着手，一是鼓励本土涉农龙头企业通过中间品进口替代国内高碳生产环节；二是构建完善的CDM机制，获取清洁生产技术；三是鼓励发展清洁农业产业。（4）设定区域农产品生产环境规制级差，实施地区碳转移补偿制度。具体实施分为三个步骤：首先，构建科学合理的区域碳排放转移标准核算体系；其次，针对区域资源禀赋差异，建立适宜的环境规制级差；最后，建立区域碳转移的补偿机制。

第8章

主要结论与研究展望

前七章在明确选题缘由的基础上，首先认真梳理了我国农产品对外贸易与农业碳排放现状，并探究了二者间的互动关系；其次，利用多区域MRIO模型，对我国农产品贸易隐含碳排放进行了测度并分析了其时序演变特征、空间差异以及出口隐含碳变化的驱动机理；在此基础上，运用脱钩模型探究了农产品出口贸易与隐含碳排放之间的关系。最后，基于实证结果，并结合国外先进经验，探讨了中国农产品贸易隐含碳排放转移的防控机制。而本章则是全书的收尾，将主要涉及三方面内容：一是对前面章节的分析进行系统总结，归纳出全书的中心观点；二是结合自身研究经历，实事求是地指出本书所存在的局限性；三是针对书中存在的不足，展望下一步研究方向。

8.1

主要研究结论

1. 我国农产品进出口贸易与农业碳排放量总体均呈上升趋势，且二者与碳排放之间也都存在长期均衡关系

改革开放以来，我国农产品进出口贸易迅速发展，贸易格局发生巨大变化，在世界农产品国际贸易中的地位也越来越重要。根据我国进出口贸易的变动态势，大概可以将划分为4个阶段，即缓慢发展阶段（1978~1986年）、稳定发展阶段（1987~1993年）、徘徊发展阶段（1994~2002年）和快速发展阶段（2003~2011年）。与此同时，我国农业碳排放量总体也处于增长态势，由 1993 年的 75 529.13 万 t 标准 CO_2 增至 2012 年的 99 353.06 万 t 标准 CO_2，年均递增 1.45%；从时序演变规律来看，可分为波动增长期（1993～1999 年）、平稳期（1999～2002 年）、持续上升期（2002～2006 年）、持续下降期（2006～2008 年）和持续上升期（2008～2012 年）五个阶段。在此基础上，基于动态时间序列理论及相关的建模方法，实证分析了我国农产品进出口贸易与农业碳排放之间的互动关系，结果表明：（1）我国农产品进口、农产品出口与农业碳排放之间均存在协整关系，即长期均衡关系，但短期内会偏离长期均衡。其中，农产品进口对短期偏离均衡的调整力度为 61.17%；而农产品出口则为 92.42%。（2）农产品进口、农产品出口与农业碳排放均互为因果关系。（3）农产品进口带来的冲击能够解释农业碳排放变化的 56.36%，而碳排放变化对进口的解释水平仅为 1.70%；农产品出口带来的冲击能解释农业碳排放的 22.69%，而碳排放对出口的解释水平仅为 0.57%。可见，农产品进出口贸易对农业碳排放总量变动的影响程度较大。

2. 我国农产品进出口贸易隐含碳总体处于增长态势，且排量较大的省份主要位于东部地区，规模效应是导致农产品出口隐含碳不断增加的关键因素

结合进出口贸易数据，利用多区域 MRIO 模型测算了我国 2002～2011 年农产品进出口隐含碳排放并分析了其时序特征，发现自 2002 年以来，我国农产品出口、进口隐含碳排放量总体均处于增长态势，且后者增速较之前者更快；至于农产品净出口隐含碳排放，则逐年降低，仅 2002 年为正值，其他各年均为负值，表明我国在 2002 年为农产品贸易碳排放净出口国，即在农产品世界贸易中为碳排放污染转入国，也是被污染国，但从 2003 年开始，成为碳排放污染转出国。进一步探究中国 31 个省区市农产品进出口贸易隐含碳排放及其空间分布特征，结果表明进出口隐含碳排放与净出口隐含碳排放较大的省区市大多位于东部地区，而中西部地区的隐含碳排放量相对较小，这也暗示在今后的农产品对外贸易发展进程中应更多地考虑隐含碳在三大区域的责任分摊。最后，利用 LMDI 因素分解法探究了农产品出口隐含碳排放的影响因素。分解结果揭示，结构效应对中国农产品出口隐含碳排放贡献的变化值为正，说明农产品出口碳排放转移的逐年剧增导致了农产品出口隐含碳排放量的不断增加；技术效应对中国农产品出口隐含碳排放贡献的变化值为负，说明技术效应抑制了中国农产品出口贸易中隐含碳排放的变化，在一定程度上促进了农产品贸易碳排放污染转移他国；规模效应对中国农产品出口隐含碳排放贡献的变化值为正，且占总效应的比重最大，说明规模效应是导致农产品出口隐含碳排放污染转入我国的关键因素。

3. 我国农产品出口贸易与出口隐含碳排放之间存在"弱脱钩"关系，少数行业碳排放强度有明显降低，资源结构与资源效率是影响二者脱钩弹性的关键因素

利用脱钩模型，探究农产品出口贸易与隐含碳排放之间的关系，结果表明：（1）从总体来看，出口导向型贸易模式下，2002～2011 年，中国农产品出口贸易与出口隐含碳排放之间呈现长期的"弱脱钩"关系，其弹性值为 0.78，即农产品出口贸易增长 13.46%，则出口隐含碳排放增长 10.56%。该实证结果表明，一方面农产品出口贸易增长在促进本国经济增长中带来了大量农业碳排放，另一方面也因为进口国的农产品需求产生了大量碳，存在着"碳排放转移"的情形。（2）从农业分行业来看，食品制造业和家具制造业实现了农业隐含碳排放与产品出口贸易间脱钩关系由"弱脱钩"向"强脱钩"的转化；但是，值得警醒的是，我国大部分出口型农业行业的碳排放强度剧增，尤其是农业，林业，渔业，农副食品加工业，烟草制品业，纺织业，皮革、毛皮、羽毛及其制品和制鞋业，其脱钩状态近年呈加速"扩张性脱钩"状态趋势，表明传统比较优势农产品出口增长对资源消耗的依赖性更强，迫切需要加快生产方式和出口方式转型。（3）从五因素分解的结果来看，在 2002～2011 年，资源结构脱钩弹性和资源利用效率脱钩弹性是影响我国农产品出口贸易增长和农业隐含碳排放脱钩弹性的主要因素，而农产品出口增长脱钩弹性、资源碳排放强度脱钩弹性及人口数量脱钩弹性对农业碳排放与农产品出口贸易增长间的解耦关系有一定的积极作用，但仍不够显著。

8. 2

研究不足

本书在厘清我国农产品对外贸易、农业碳排放现状的基础上，对我国农产品贸易隐含碳排放问题进行了探究。从中了解了我国农产品贸易隐含碳排放的时序演变规律与空间分异特征；同时，还分析了影响我国农产品出口隐含碳排放的主要因素，并利用脱钩模型基于横向、纵向双重视角探讨了农产品出口贸易与其隐含碳排放之间的关系。而后，结合前面的实证分析结论，并在梳理与借鉴国外相关经验的基础上，构建了中国农产品贸易隐含碳排放转移的防控机制。总体而言，笔者虽尽力将研究做得深入透彻，但受限于数据的可获取性及研究能力限制，仍存在一些不足，主要体现在两方面：

第一，现有数据条件的制约。曾尝试考察改革开放以来我国的农产品隐含碳排放量，但受限于数据的可得性，未能成行。其中，农产品贸易数据主要源自两个渠道，一是联合国粮农组织（FAO），二是《中国农业年鉴》；虽就统计口径来看二者相差不大，但均存在一定不足，FAO 统计数据虽时间跨度较长，却只涉及中国层面，对不同省份缺少关注，《中国农业年鉴》对农产品对外贸易的统计虽然具体到了各个省区，但时间跨度较短，2001 年及以前的数据均是缺失的。由于要考察省域差异，第 4 章对隐含碳的测度选择的贸易数据源自《中国农业年鉴》。农业碳排放测算所需的原始数据源自多个年鉴，但在 1993 年之前，许多数据均是缺失的，所以也无法考察至 1978 年。

第二，研究内容的不足。本书属于探索性研究，虽尝试对农产品对外贸易隐含碳排放进行系统研究，但受限于自身研究水平的不足，导致在内容的编排上仍存在一定欠缺：一是缺少理论分析，究其原因主要在于当前与之相关的研究成果相对较少，理论根基未曾形成；二是时空分析不够深入，其中，时序层面，主要是对现象背后的深层次原因缺少归纳与阐述；空间层面，对一些研究视角缺少关注，比如省域间农产品对外贸易隐含碳排放的动态演进、空间相关性、是否存在收敛性等；除此之外，缺少不同主体间的博弈分析。毫无疑问，上述问题都是值得探讨与分析的。

8.3

研究展望

　　针对研究存在的不足，今后将围绕以下几个方面展开进一步研究：

　　（1）尽力克服数据自身的局限性，扩展研究的时限长度与分析宽度。本书跨越年度较少、空间分析不够深入在很大程度上与原始数据的难以获取有关。为此，在今后的研究中，应多种措施并举，想方设法将原始数据补齐，以便扩展研究的时限长度与分析宽度。这样做的好处是，有助于我们发现其历史演变规律，从而得出更为深刻的研究结论，进而便于相关政策的提出。为了实现这一目的，一方面，可加大数据搜集面，可扩展至省区市年鉴、政府工作报告、统计摘要乃至一些真实可靠的网页数据；另一方面，合理运用统计方法对缺失数据进行补全，比如插空法、平滑指数法等。

　　（2）进一步拓展研究内容，尤其需强化理论分析，进而实现理论探讨与实证分析的统一。具体而言，一方面，进一步完善相关实证分析尤其是空间分析。主要涉及省域间农产品对外贸易隐含碳排放的分布的公平性与动态演进、空间相关性与溢出效应、收敛性及其影响因素等。另一方面，强化理论分析，与实证研究形成较好的衔接，并尽可能从中提炼出思想性、规律性的东西，从而提高研究深度，从而让农产品对外贸易隐含碳研究上升到一个全新高度。除此之外，还需重视现象背后的原因。对于农产品贸易隐含碳这一新型课题，了解其基本现状只是基础，更重要的是"透过现象看本质"，挖掘出现象背后的深层次原因。

参 考 文 献

[1] 安江. 低碳经济对中国出口贸易发展的影响研究 [D]. 辽宁大学，2012.

[2] 鲍健强，苗阳，陈锋. 低碳经济：人类经济发展方式的新变革 [J]. 中国工业经济，2008 (4)：153 – 160.

[3] 蔡德发，陈君. 欧盟成员国碳税政策的比较与启示 [J]. 涉外税务，2012 (4)：32 – 36.

[4] 曹靖. 中国农产品国际贸易二十年变迁及其成长环境研究 [D]. 中国农业大学博士论文，2004.

[5] 曹俊文. 工业对外贸易中能源间接进出口量的测算与分析 [J]. 江西财经大学学报，2009 (1)：16 – 19.

[6] 陈惠珍. 减排目标与总量设定：欧盟碳排放交易体系的经验及启示 [J]. 江苏大学学报（社会科学版），2013 (4)：14 – 23.

[7] 陈健鹏. 温室气体减排政策：国际经验及对中国的启示——基于政策工具演进的视角 [J]. 中国人口·资源与环境，2012 (9)：26 – 32.

[8] 陈洁. 对农业贸易自由化与环境问题的思考（《中国农村研究报告 2003》[M]. 中国财政经济出版社，2004.

[9] 陈洁. 非贸易关注缘何成为热点 [J]. 中国粮食经济，2003 (1)：37 – 39.

[10] 陈诗一. 能源消耗、二氧化碳排放与中国工业的可持续发展 [J]. 经济研究，2009 (4)：41 – 55.

[11] 陈迎，潘家华，谢来辉. 中国外贸进出口商品中的内涵能源及其政策含义 [J]. 经济研究，2008，(7)：11 – 25.

[12] 崔小杰. 碳关税对我国农产品出口的影响 [D]. 江西财经大

学，2013.

[13] 代金贵. 农业贸易自由化对农业环境的影响分析 [D]. 华中农业大学，2009.

[14] [美] 戴维·里德. 结构调整、环境与可持续发展 [M]. 中国环境科学出版社，1998.

[15] 党玉婷，万能. 贸易对环境影响的实证分析——以中国制造业为例 [J]. 世界经济研究，2007 (4)：52 - 57，88.

[16] 董红敏，李玉娥，陶秀萍，等. 中国农业源温室气体排放与减排技术对策 [J]. 农业工程学报，2008，24 (10)：269 - 273.

[17] 杜运苏，孙辉煌. 中国出口贸易隐含碳排放增长因素分析：基于 LMDI [J]. 世界经济研究，2012 (11)：44 - 49，88.

[18] 樊纲，苏铭，曹静. 最终消费与碳减排责任的经济学分析 [J]. 经济研究，2010 (1)：4 - 14，64.

[19] 傅聪. 欧盟应对气候变化治理研究 [D]. 中国社会科学院研究生院，2010.

[20] 付慧姝. 国外碳税征收比较及对我国的借鉴 [J]. 企业经济，2012 (10)：184 - 186.

[21] 龚睿. 欧盟碳排放交易机制分析以及对中国的启示 [D]. 东北财经大学，2010.

[22] 韩岳峰，张龙. 中国农业碳排放变化因素分解研究——基于能源消耗与贸易角度的 LMDI 分解法 [J]. 当代经济研究，2013 (4)：47 - 52.

[23] 何一鸣. 国际气候谈判影响因素与中国的对策研究 [D]. 中国海洋大学，2011.

[24] 胡向东，王济民. 中国畜禽温室气体排放量估算 [J]. 农业工程学报，2010，26 (10)：247 - 252.

[25] 黄敏，刘剑锋. 外贸隐含碳排放变化的驱动因素研究——基于 I—OSDA 模型的分析 [J]. 国际贸易问题，2011 (4)：94 - 103.

[26] 蒋雪梅，刘轶芳. 全球贸易隐含碳排放格局的变动及其影响因素 [J]. 统计研究，2013，30 (9)：29 - 36.

[27] 李波，张俊飚. 基于投入视角的我国农业碳排放与经济发展脱

钩研究 [J]. 经济经纬, 2012 (4): 27-31.

[28] 李布. 欧盟碳排放交易体系的特征、绩效与启示 [J]. 重庆理工大学学报 (社会科学版), 2010 (3): 1-5.

[29] 李长生, 肖向明, S. Frolking, 等. 中国农田的温室气体排放 [J]. 第四纪研究, 2003, 23 (5): 493-503.

[30] 李丁, 汪云林, 牛文元. 出口贸易中的隐含碳计算——以水泥行业为例 [J]. 生态经济, 2009 (2): 58-60.

[31] 李国志, 李宗植. 中国农业能源消费碳排放因素分解实证研究——基于 LMDI 模型 [J]. 农业技术经济, 2010 (10): 66-71.

[32] 李虎, 邱建军, 王立刚, 等. 中国农田主要温室气体排放特征与控制技术 [J]. 生态环境学报, 2012, 21 (1): 159-165.

[33] 李俊杰. 民族地区农地利用碳排放测算及影响因素研究 [J]. 中国人口·资源与环境, 2012, 22 (9): 42-47.

[34] 李通. 碳交易市场的国际比较研究 [D]. 吉林大学, 2012.

[35] 李小平, 卢现祥. 国际贸易、污染产业转移和中国工业 CO_2 排放 [J]. 经济研究, 2010 (1): 15-26.

[36] 李艳梅, 付加锋. 中国出口贸易中隐含碳排放增长的结构分解分析 [J]. 中国人口·资源与环境, 2010 (8): 53-57.

[37] 李洋. 低碳经济背景下的绿色贸易政策转型研究 [D]. 山东财经大学, 2013.

[38] 林伯强. 温室气体减排目标、国际制度框架和碳交易市场 [J]. 金融发展评论, 2010 (1): 107-119.

[39] 林毅夫, 李永军. 必要的修正——对外贸易与经济增长关系的再考察 [J]. 国际贸易, 2001 (9): 22-26.

[40] 林云华. 国际气候合作与排放权交易制度研究 [D]. 华中科技大学, 2006.

[41] 刘爱东, 曾辉祥, 刘文静. 中国碳排放与出口贸易间脱钩关系实证 [J]. 中国人口·资源与环境, 2014 (7): 73-81.

[42] 刘强, 庄幸, 姜克隽, 韩文科. 中国出口贸易中的载能量及碳排放量分析 [J]. 中国工业经济, 2008 (8): 46-55.

［43］刘世锦，张永生. 全球温室气体减排：理论框架和解决方案
［J］. 经济研究，2009（3）：4－13.

［44］刘月仙，刘娟，吴文良. 北京地区畜禽温室气体排放的时空变
化分析［J］. 中国生态农业学报，2013，21（7）：891－897.

［45］陆钟武，毛建素. 穿越"环境高山"——论经济增长过程中环
境负荷的上升与下降［J］. 中国工程科学，2003（12）：36－42.

［46］潘家华，郑艳. 碳排放与发展权益［J］. 世界环境，2008
（4）：58－63.

［47］彭峰，邵诗洋. 欧盟碳排放交易制度：最新动向及对中国之镜
鉴［J］. 中国地质大学学报（社会科学版），2012（5）：41－47，139.

［48］齐晔，李惠民，徐明. 中国进出口贸易中的隐含碳估算［J］.
中国人口·资源与环境，2008，18（3）：8－13.

［49］曲如晓. 国际贸易对发展中国家生态环境的影响［J］. 经济与
管理研究，2003（6）：68－71.

［50］任燕. 低碳经济背景下我国出口贸易转型研究［D］. 中国海洋
大学，2012.

［51］石红莲，张子杰. 中国对美国出口产品隐含碳排放的实证分析
［J］. 国际贸易问题，2011（4）：56－64.

［52］盛斌. 中国对外贸易政策的政治经济分析［M］. 上海人民出版
社，2002.

［53］苏洋，马惠兰，颜璐. 新疆农地利用碳排放时空差异及驱动机
理研究［J］. 干旱区地理，2013，36（6）：1162－1169.

［54］孙东升. 经济全球化与中国农产品贸易研究［D］. 中国农业科
学院，2001.

［55］谭秋成. 中国农业温室气体排放：现状及挑战［J］. 中国人口·
资源与环境，2011，21（10）：69－74.

［56］唐祥来. 欧盟碳税工具环境治理成效及其启示［J］. 财经理论
与实践，2011（6）：97－100.

［57］田云，李波，张俊飚. 我国农地利用碳排放的阶段特征及因素分解
研究［J］. 中国地质大学学报（社会科学版），2011，11（1）：59－63.

[58] 田云，张俊飚. 中国农业生产净碳效应分异研究 [J]. 自然资源学报，2013，28 (8)：1298 - 1309.

[59] 田云，张俊飚. 中国农业碳排放研究回顾、评述与展望 [J]. 华中农业大学学报（社会科学版），2014 (2)：23 - 27，60.

[60] 田云，张俊飚，李波. 基于投入角度的农业碳排放时空特征及因素分解研究——以湖北省为例 [J]. 农业现代化研究，2011 (6)：752 - 755.

[61] 田云，张俊飚，李波. 中国农业碳排放研究：测算、时空比较及脱钩效应 [J]. 资源科学，2012，34 (11)：2097 - 2105.

[62] 田云，张俊飚，丰军辉，等. 中国种植业碳排放与其产业发展关系的研究 [J]. 长江流域资源与环境，2014 (23).

[63] 王才军，孔德亮，张凤太. 基于农业投入的重庆农业碳排放时序特征及减排措施研究 [J]. 水土保持研究，2012，19 (5)：206 - 209.

[64] 汪曾涛. 碳税征收的国际比较与经验借鉴 [J]. 理论探索，2009 (4)：68 - 71.

[65] 王金南，严刚，姜克隽，刘兰翠，杨金田，葛察忠. 应对气候变化的中国碳税政策研究 [J]. 中国环境科学，2009 (1)：101 - 105.

[66] 王天凤，张珺. 出口贸易对我国碳排放影响之研究 [J]. 国际贸易问题，2011 (3)：89 - 98.

[67] 王文举，向其凤. 国际贸易中的隐含碳排放核算及责任分配 [J]. 中国工业经济，2011 (10)：56 - 64.

[68] 王正鹏，李莹，李德贵. 进出口贸易对中国能源二氧化碳排放影响的初步分析 [J]. 中国能源，2008，30 (3)：14.

[69] 魏本勇，方修琦，王媛，杨会民，张迪. 基于投入产出分析的中国国际贸易碳排放研究 [J]. 北京师范大学学报（自然科学版），2009 (4)：413 - 419.

[70] 熊灵，齐绍洲. 欧盟碳排放交易体系的结构缺陷、制度变革及其影响 [J]. 欧洲研究，2012 (1)：51 - 64，2.

[71] 徐崇龄. 因压而飞——入世后中国环境与贸易展望 [J]. 国际贸易，2000 (1)：27 - 31.

[72] 许广月，宋德勇. 我国出口贸易、经济增长与碳排放关系的实

证研究［J］. 国际贸易问题，2010（1）：74－79.

［73］许源，顾海英，吴开尧. 中国农产品贸易隐含的 CO_2 评估——基于非竞争型投入产出模型［J］. 生态经济，2013（8）：82－86.

［74］闵继胜. 农产品对外贸易对中国农业生产温室气体排放的影响研究［D］. 南京农业大学，2012.

［75］闵继胜，胡浩. 中国农业生产温室其他排放量的测算［J］. 中国人口·资源与环境，2012，22（7）：21－27.

［76］闫云凤. 中国对外贸易的隐含碳研究［D］. 华东师范大学，2011.

［77］闫云凤，赵忠秀，王苒. 中欧贸易隐含碳及政策启示——基于投入产出模型的实证研究［J］. 财贸研究，2012（2）：76－82.

［78］杨兴.《气候变化框架公约》研究［D］. 武汉大学，2005.

［79］易丹辉. 数据分析与 EViews 应用［M］. 中国人民大学出版社，2011.

［80］尤智菁. 碳税的国际比较［D］. 上海社会科学院，2012.

［81］于俊年. 计量经济学软件——EViews 的使用［M］. 对外经济贸易大学出版社，2009.

［82］袁桂梅. 中国对外贸易对碳排放的影响研究［D］. 山东大学，2012.

［83］张迪，魏本勇，方修琦. 基于投入产出分析的 2002 年中国农产品贸易隐含碳排放研究［J］. 北京师范大学学报（自然科学版），2010（6）：738－743.

［84］张广胜，王珊珊. 中国农业碳排放的结构、效率及其决定机制［J］. 农业经济问题，2014（7）：18－26.

［85］张友国. 中国贸易含碳量及其影响因素——基于（进口）非竞争型投入产出表的分析［J］. 经济学（季刊），2010（4）：1287－1310.

［86］张友国. 中国贸易增长的能源环境代价［J］. 数量经济技术经济研究，2009（1）：16－30.

［87］张云. 国际碳排放交易与中国排放权出口规模管理［D］. 华东师范大学，2013.

［88］赵细康. 环境保护与产业国际竞争力——理论与实证分析［M］.

中国社会科学出版社，2003.

[89] 赵一夫. 中国农产品贸易格局的实证研究 [D]. 中国农业大学，2005.

[90] 赵玉焕. 贸易与环境——WTO 新一轮谈判的新议题 [M]. 对外经济贸易大学出版社，2002.

[91] 钟太洋，黄贤金，韩立，王柏源. 资源环境领域脱钩分析研究进展 [J]. 自然资源学报，2010 (8)：1400 – 1412.

[92] 周建发. 碳税征收——丹麦的实践及启示 [J]. 中国经贸导刊，2012 (1)：50 – 51.

[93] Ackerman F, Ishikawa M, Suga M. The carbon content of Japan-US trade [J]. Energy Policy, 2007, 35 (9)：4455.

[94] Ahmad N Wyckoff. A W. Carbon Dioxide Emissions Embodied in international Trade of Goods [J]. STI Working paper 15, 2003.

[95] Andreoni V, Galmarini S. Decoupling economic growth from carbon dioxide emissions：A decomposition analysis of Italian energy consumption [J]. Energy, 2012, 44 (1)：682 – 691.

[96] Ang B W. Decomposition analysis for policymaking in energy：which is the preferred method [J]. Energy Policy, 2004 (32)：1131 – 1139.

[97] Ang B W, Na Liu. Energy decomposition analysis：IEA model versus other methods [J]. Energy Policy, 2007 (35)：1426 – 1432.

[98] Angela D, Tim J. The carbon footprint of UK households 1990 – 2004：A socio-economically disaggregated, quasi-multi-regional input-output-model [J]. Ecological Economics, 2009, 68 (7)：2066 – 2077.

[99] Bruyn S M, Bergh J B. Opschoor. Economic growth and emissions：reconsidering the empirical basis of environmental Kuznets curves [J]. Ecological Economics, 1998, 25 (2)：161 – 175.

[100] Chunbo Ma, David I. Stern. China's Changing Energy Intensity Trend：A Decomposition Analysis [Z]. Working Papers, Rensselaer Polytechnic Institute, 2006.

[101] Cole M A, Rayner A J, Bates J M. Trade Liberalization and Envi-

ronment: The Case of the Uruguay Round [J]. World Economy, 1998, 21 (3): 337 – 347.

[102] Davis, S J, Caldeira, K. Consumption-based accounting of CO_2 emissions [J]. PNAS, 2010, 107 (12): 5687 – 5692.

[103] Giles A, Kirk H, Giovanni R. Trade in virtual carbon: Empirical results and implications for policy [J]. Global Environmental Change, 2011, 21 (2): 563 – 574.

[104] Hayami H, Nakamura M, Asakura K. The Emission of Global Warming Gases: Trade between Canada and Japan [R]. Canadian Economics Association Annual Meeting, University of Toronto, 1999.

[105] Hua Liao, Ying Fan, Yi-Ming Wei. What induced China's energy intensity to fluctuate: 1997 – 2006 [J]. Energy Policy, 2007 (35): 4640 – 4649.

[106] Huang J P. Industry energy use and structural change: a case study of The People's Republic of China [J]. Energy Economics, 2007 (15): 131 – 136.

[107] Jarmo V, Jyrki L, Jari K. Linking analyses and environmental Kuznets curves for aggregated material flows in the EU [J]. Journal of Cleaner Production, 2007, 15 (17): 1662 – 1673.

[108] Karen Fisher-Vanden Gary H Jefferson, Hongmei Liu, et al. What is driving China' s decline in energy intensity [J]. Resource and Energy Economics, 2004 (26): 77 – 97.

[109] Lu I J, Lin S J, Lewis C. Decomposition and decoupling effects of carbon dioxide emission from highway transportation in Taiwan, Germany, Japan and South Korea [J]. Energy Policy, 2007, 35 (6): 3226 – 3235.

[110] Machado G, Schaeffer R, Worrell E. Energy and carbon embodied in the international trade of Brazil: an input-output approach [J]. Ecological Economics, 2001, 39 (3): 409.

[111] Maenpaa I, Siikavirta H. Greenhouse gases embodied in the international trade and final consumption of Finland: an input 2 output analysis [J]. Energy Policy, 2007, 35 (1): 128.

[112] Misato S. Product level embodied carbon flows in bilateral trade [J]. Ecological Economics, 2014, 105 (9): 106 – 117.

[113] Mohamed A B. The impact of financial development, income, energy and trade on carbon emissions: Evidence from the Indian economy [J]. Economic Modelling, 2014, 40 (6): 33 – 41.

[114] Mongelli I, Tassielli G, Notarnicola B. Global warming agreements, international trade and energy/ carbon embodiments: an input 2 output approach to the Italian case [J]. Energy Policy, 2006, 34 (1): 88.

[115] Peters G P, Hertwich E G. Pollution Embodied in Trade: The Norwegian Case [J]. Global Environmental Change, 2006, 16 (4): 379 – 387.

[116] Petri T. Towards a theory of decoupling: degrees of decoupling in the EU and the case of road traffic in Finland between 1970 and 2001 [J]. Transport Policy, 2005, 12 (2): 137 – 151.

[117] Reinders A H, Vringer K, Blok K. The Direct and Indirect Energy Requirement of Households in the European Union [J]. Energy Policy, 2003, 31 (2): 139 – 153.

[118] Ren S G, Yin H Y, Chen X H. Using LMDI to analyze the decoupling of carbon dioxide emissions by China's manufacturing industry [J]. Environmental Development, 2014, 9 (1): 61 – 75.

[119] Ren S G, Yuan B L, Ma X, et al. The impact of international trade on China's industrial carbon emissions since its entry into WTO [J]. Energy Policy, 2014, 69 (6): 624 – 634.

[120] Sanchez-Choliz J, Duarte R. CO_2 emissions embodied in international trade: evidence for Spain [J]. Energy Policy, 2004, 32 (18): 1999.

[121] Schaeffer R, De S A. The Embodiment of Carbon Associated with Brazilian Imports and Exports [J]. Energy Conversion and Management, 1996, 37 (6 – 8): 955 – 960.

[122] Tian Y, Zhang J B, He Y Y. Research on Spatial-Temporal Characteristics and Driving Factor of Agricultural Carbon Emissions in China [J]. Journal of Integrative Agriculture, 2014 (6): 1393 – 1403.

［123］ Tolmasquim M T, Machado G. Energy and Carbon Embodied in the International Trade of Brazil ［J］. Mitigation and Adaptation Strategies for Global Change, 2003 (8): 139 – 155.

［124］ Wang S H, Song M L. Review of hidden carbon emissions, trade, and labor income share in China, 2001 – 2011 ［J］. Energy Policy, In Press, Corrected Proof, Available online 18 September 2014.

［125］ Xu X Y, Ang B W. Index decomposition analysis applied to CO_2 emission studies ［J］. Ecological Economics, 2013, 93 (9): 313 – 329.

［126］ Yan D, John W. Carbon motivated regional trade arrangements: Analytics and simulations ［J］. Economic Modelling, 2011, 28 (6): 2783 – 2792.

［127］ Yan Y F Yang L K. China's Foreign Trade and Climate Change: A Case Study of CO_2 Emissions ［J］. Energy Policy, 2010 (38): 350 – 356.

［128］ Zhang Z. Why did the energy intensity fall in China's industrial sector in the 1990s the relative importance of structural change and intensity change ［J］. Energy Economics, 2003 (25): 625 – 638.

［129］ Zhou X, Yano T, Kojima S. Proposal for a national inventory adjustment for trade in the presence of border carbon adjustment: Assessing carbon tax policy in Japan ［J］. Energy Policy, 2013, 63 (12): 1098 – 1110.